夫婦の「第二の人生」は、「日本語」だけの〝草の根交流〟

自宅・四畳半で「二人三脚」！

「世界の日本語学習者」と歩んだ平成の30年間

元・朝日新聞記者
大森和夫・弘子 編著

「古希の祝」の似顔絵（平成22年）

日本僑報社

はじめに

〜新聞記者の経験を生かせば、各国に〝友好の芽〟を育てることが出来るのではないか〜

30年前の平成元年――日本語を熱心に学ぶ留学生の姿に心を打たれ、「夫婦で、日本語の〝草の根交流〟」を決意した大森和夫は、48歳で新聞社を退社し、「夫婦の第二の人生」を踏み出した。

〜世界の日本語学習者が「日本と日本人」を理解して、「日本のファン」になってほしい！〜

「自宅四畳半で」スタートした夫婦の〝二人三脚〟は、平成31年3月、30周年を迎えた。

①**平成元年3月**、各国の留学生に、「日本と日本人」を知って理解してもらうため、〝手作り〟の「**季刊誌【日本】**」（26頁）を創刊、8年間に「33号」まで。それらを、各版の『日本語教材【日本】』に改訂して、30年間に、**計約79万冊の『日本語教材』**を各国の日本語学習者に寄贈した（注・一）。そして、平成28年（2016年）9月、世界の日本語学習者が自由に学べるように、「デジタル版・日本語教材『【日本】という国』」を、インターネットで発信した。

②「日本語の文章力」を高めてもらうため、**平成元年5月**に留学生を対象に『日本語作文コンクール』を開催して計5回。平成4年に中国全土の大学生を対象にした初めての『日本語作文コンクール』を開催して計16回。平成28年に、初の「世界の日本語学習者『日本語作文コンクール』」を開催して計2回。**合わせて23回の『日本語作文コンクール』**を主催し、応募作文は「**3万7836編**」に上った（注・二）。

本書は、30年の全記録だ。

令和元年（2019年）5月　大森和夫・弘子

注・一　寄贈した『日本語教材』の冊数の内訳

A＝「季刊誌【日本】」の各号の発行冊数

《平成元年（1989年）〜平成9年（1997年）＝8年間》

号・年	発行冊数	号・年	発行冊数
1（平成元年）	4万冊	18	2万冊
2	〃	19	〃
3	〃	20	〃
4	〃	21（平成6年）	〃
5（平成2年）	〃	22	約1万5千冊
6	〃	23	〃
7	3万冊	24	〃
8	〃	25（平成7年）	〃
9（平成3年）	〃	26	〃
10	〃	27	〃
11	〃	28	〃
12	〃	29（平成8年）	〃
13（平成4年）	〃	30	〃
14	〃	31	〃
15	〃	32	〃
16	〃	33（平成9年）	〃
17（平成5年）	2万冊	合　計	約82万冊

◇発行総冊数のうち約10万冊は「国内の大学」などが「買い上げ」。

☆寄贈＝約72万冊

B＝各版の「日本語教材【日本】」の寄贈・冊数

《平成7年（1995年）〜平成28年（2016年）＝21年間》

・中国の大学（約8割）を中心に、国内の「留学生」や、インドネシア、タイ、韓国、フランス、イギリス、アメリカなど20数カ国の大学に寄贈

㈠平成7年　→「**日本語精読教材【日本】**」　約　3千冊
㈡平成9年〜→「**大学用。日本語教材【日本】**」（上、下）　約2万6千冊
㈢平成16年〜→「**新版・日本語教材【日本】**」（上、下）　約2万1千冊
㈣平成21年〜→「**朗読MP3付【日本】**」（上、下）　約　3千冊
㈤平成24年〜→「**最新版、改訂版**」・「**日本語教材【日本】**」　約1万　冊
㈥平成26年〜→「**日本語教材【新日本概況】**」　約1万1千冊

☆寄贈＝計約7万4千冊

寄贈・総冊数（A＋B）＝約79万4千冊

注・二　23回開催した『日本語作文コンクール』の内訳

一・平成元年から「留学生」を対象に計5回（応募数・3,121編）

「第 1 回」平成元年（1989年）　・応募数＝　525編
「第 2 回」平成 3 年（1991年）　・応募数＝　816編
「第 3 回」平成 4 年（1992年）　・応募数＝　249編
「第 4 回」平成 5 年（1993年）　・応募数＝　803編
「第 5 回」平成 7 年（1995年）　・応募数＝　728編

二・平成5年から「中国の大学生」を対象に計16回

（応募数・2万2,781編）

「第 1 回」平成 4 年（1992年）・応募総数＝約450編
「第 2 回」平成 6 年（1994年）　・応募数＝　281編
「第 3 回」平成 7 年（1995年）　・応募数＝　514編
「第 4 回」平成 8 年（1996年）　・応募数＝　861編
「第 5 回」平成 9 年（1997年）　・応募数＝　736編
「第 6 回」平成10年（1998年）　・応募数＝　933編
「第 7 回」平成11年（1999年）　・応募数＝1,203編
「第 8 回」平成12年（2000年）　・応募数＝1,439編（韓国、台湾を含む）
「第 9 回」平成13年（2001年）　・応募数＝1,626編
「第10回」平成14年（2002年）　・応募数＝2,017編
「第11回」平成15年（2003年）　・応募数＝2,118編
「第12回」平成16年（2004年）　・応募数＝3,360編
「第13回」平成18年（2006年）　・応募数＝　384編（大学院生対象）
「第14回」平成19年（2007年）　・応募数＝　424編（大学院生対象）
「第15回」平成24年（2012年）　・応募数＝3,412編
「第16回」平成26年（2014年）　・応募数＝3,023編

三・平成28年から「世界の日本語学習者」を対象に計2回

（応募数・1万1,934編）

「第 1 回」平成28年（2016年）　・応募数＝5,141編（54カ国・地域）
「第 2 回」平成30年（2018年）　・応募数＝6,793編（62カ国・地域）

計23回の応募総数は3万7,836編

目次

一部＝写真で見る

「世界の日本語学習者」と歩んだ30年

平成元年（1989年）3月 ～ 平成31年（2019年）3月

一章＝独自の『日本語教材』を作成、約79万冊寄贈

→『日本語教材』をインターネットで「世界へ」無料公開

一節 ・「季刊誌【日本】」→ 8年間に「第33号」

二節 ・「日本語精読教材【日本】」～【新日本概況】

三節 ・「デジタル版・日本語教材『【日本】という国』」

二章＝『日本語作文コンクール』を計23回主催

（応募総数 ＝ 3万7,836編）

一節 ・「留学生」を対象に計5回

二節 ・「中国の大学生」を対象に計16回

三節 ・「世界の日本語学習者」を対象に2回

四節 ・海外で日本語を学ぶ若者たち

夫婦の「30年間」の主な【日本語交流活動】

【一】留学生などに、平成元年3月～平成9年3月まで8年間＝「季刊誌【日本】」（30頁前後）を発行。33号まで計**約72万冊**を、**国内の大学・日本語学校**と中国を始めタイ、インドネシア、韓国、フランス、イギリス、アメリカ、オーストラリアなど30数カ国の大学に寄贈。

【二】平成元年から平成7年まで計5回、「留学生」対象の『日本語作文コンクール』を主催。応募総数＝3,121編。

【三】中国の大学（日本語科）との交流（29年間）。

一「**季刊誌【日本】**」と各版の「**日本語教材【日本】**」を寄贈＝計約37万冊。

①平成元年3月～8年間、「**季刊誌【日本】**」を約30万冊寄贈。

②**平成7年に**「季刊誌【日本】」を基に「**日本語精読教材【日本】**」（206頁）を作成、その後、平成26年作成の**【新日本概況】**まで、6回改訂。

各版の『**日本語教材【日本】**』を中国の210以上の大学に**約7万冊**寄贈。

二「**日本語作文コンクール**」（**計16回・応募総数2万2,781編**）

平成4年から平成24年まで、中国の大学生対象に『日本語作文コンクール』、「大学院生『日本語作文・スピーチ・討論コンテスト』」、「大学院生『日本語・1,000字提言コンテスト』」、「日本語教材【日本】感想文コンテスト」を**計16回**開催。　応募総数は**2万2,781編**。

三「**日中友好**」**のアンケート調査（計4回の回答者・3万9,225人）**

平成11年～平成27年の間、中国の大学生のアンケート調査を計4回実施。

※**各版の**「**日本語教材【日本】**」は、中国のほか、日本国内の留学生や、タイ、韓国、インドネシア、ベトナム、イタリアなどの大学などに計**約4千冊**寄贈。

【四】平成28年9月・「デジタル版【日本語教材】」を公開。

「**【日本】という国**」（ルビ付き・約230頁）＝初級者向け。上級者向け。電子書籍。

※平成30年・改訂版（238頁）◇**令和元年5月更新予定。**「初級者向け」を出版予定。

【五】「世界の日本語学習者」を対象にした『日本語作文コンクール』を主催。

◇**平成28年～平成29年**＝「**第一回**」・応募数＝54カ国・地域から**5,141編**。

◇**平成30年**　＝「**第一回**」・応募数＝62カ国・地域から**6,793編**

30年間に「世界の日本語学習者」に「約79万冊」寄贈した「日本語教材【日本】」》

一・「季刊誌【日本】」

平成元年（1989年）3月～平成9年（1997年）3月

創刊号～第33号（26頁～38頁）毎号4万冊～1万5千冊・計約72万冊寄贈

創刊号　2号　3号　4号　5号　6号　7号　8号　9号　10号

11号　12号　13号　14号　15号　16号　17号

18号　19号　20号　21号　22号　23号　24号　25号　26号

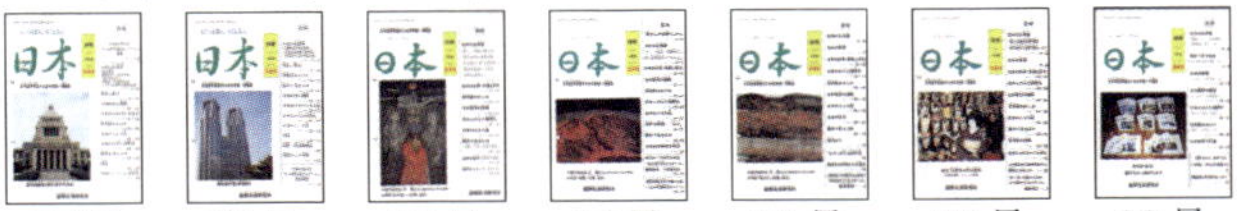

27号　28号　29号　30号　31号　32号　33号

二・「日本語教材【日本】」・各版

平成7年～平成28年まで。

「中国の大学」を中心に、留学生・海外の大学などに計約7万4千冊寄贈

（206頁）

（上・387頁。下・460頁）

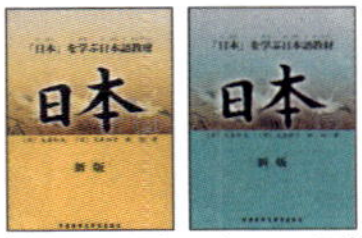

（上・330頁。下・345頁）

（上・311頁。下・302頁）

（最新版、第二版＝252頁）

（「新日本概況」252頁）

2018年4月
◇「世界の日本語学習者」に！
デジタル版・日本語教材
【『日本』という国】→
改訂版（238頁）
（上級者向け、電子書籍、初級者向け）
令和元年5月更新の予定

一章＝独自の『日本語教材』を作成、約79万冊寄贈

→『日本語教材』をインターネットで「世界へ」無料公開

一節・「季刊誌【日本】」→8年間に「第33号」

◇国内外の大学・日本語学校などに、「約72万冊」寄贈

・平成元年（1989年）3月＝「季刊誌【日本】」を創刊！

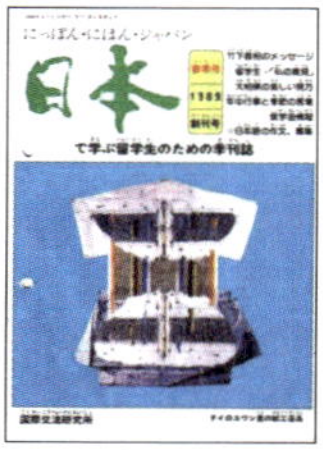

平成元年＝創刊号（26頁）

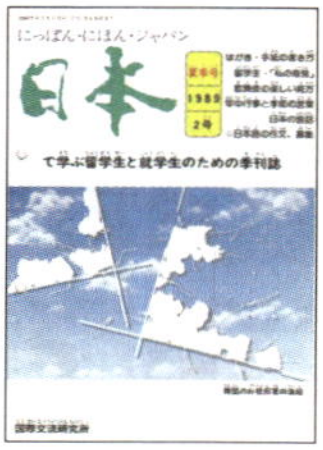

2号（26頁）

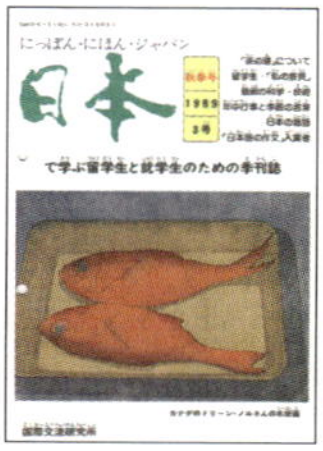

3号（30頁）

4号（34頁）

自宅の「四畳半」が仕事場＝「季刊誌【日本】」を海外や国内の大学などへ郵送

平成元年

平成2年

中国、韓国、バングラディシュ、タイ、香港、チベット、台湾の留学生と

「5号」〜「33号」の表紙

平成2年

5号（34頁）

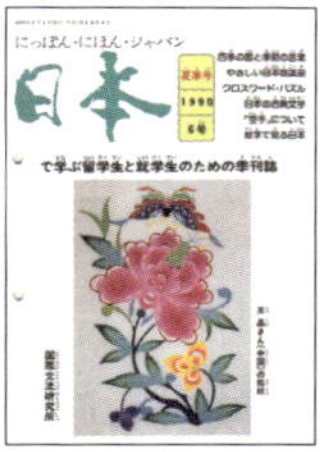
6号（34頁）

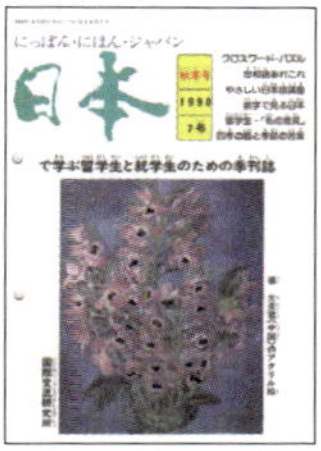
7号（38頁）

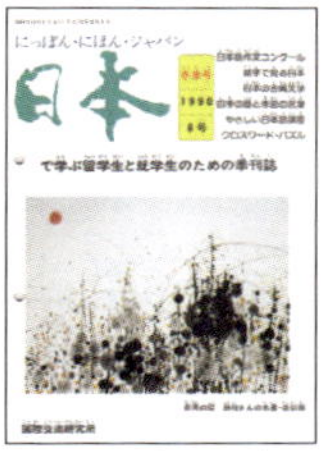
8号（38頁）

平成3年

9号（38頁）

10号（38頁）

11号（38頁）

12号（38頁）

平成4年

13号

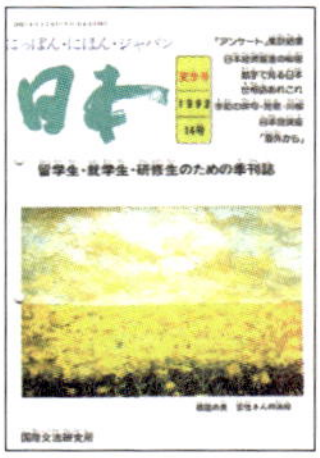
14号

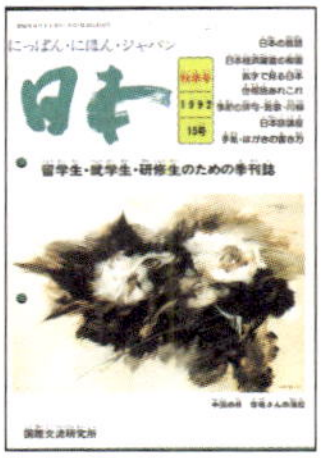
15号

16号

平成5年

17号

18号

19号

20号

平成6年

21号（38頁）

22号（38頁）

23号（38頁）

24号（38頁）

平成7年

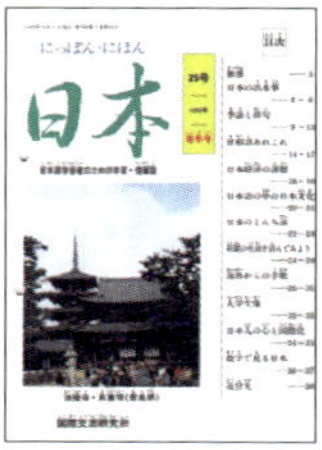

25号（38頁）

26号（38頁）

27号（38頁）

28号（34頁）

平成8年

29号（34頁）

30号（38頁）

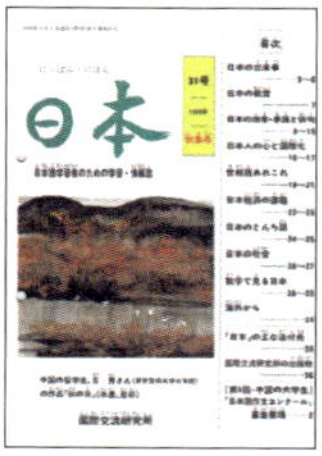

31号（34頁）

32号（34頁）

平成9年

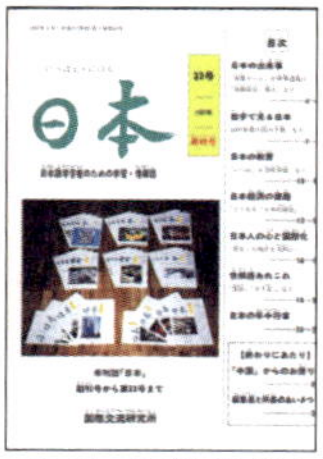

33号·最終号(34頁)
（平成9年3月）

「**季刊誌【日本】**」は、留学生と海外の日本語学習者に「日本語で日本と日本人を理してもらうための学習・情報誌。

各号26～38頁。

「季刊誌【日本】」は、**平成元年3月～平成9年3月の8年間**に、毎号、留学生の多い国内の大学と日本語学校・約110校、中国、韓国、タイ、台湾、インドネシア、カンボジア、バングラディシュ、アメリカ、フランス、エジプト、イギリスなど41カ国・地域の大学や日本語学校、外務省の海外文化広報センターなどに寄贈。（一部は、大学などが「買い上げ」）。

「季刊誌【日本】」の内容

「日本」の出来事」、「年中行事と季節の言葉」、「季語と俳句」、「日本経済」、「日本伝統スポーツ・文化」、「数字で見る日本」、「日本語講座」、「伝統の文化」、「古典文学」、「政治の動き」、「日本経済躍進の秘密」、「日本人の行動様式」、「世相語あれこれ」、「日本の昔話」など。
ルビ・イラスト付き。（内容は号によって、一部異なる）

平成9年（1997年）9月

南開大学日本語科（中国・天津市）の47人の学生・教師から**『寄せ書き』**
＝苦節8年心より感謝します。＝ヨコ1.1メートル×タテ78センチの布

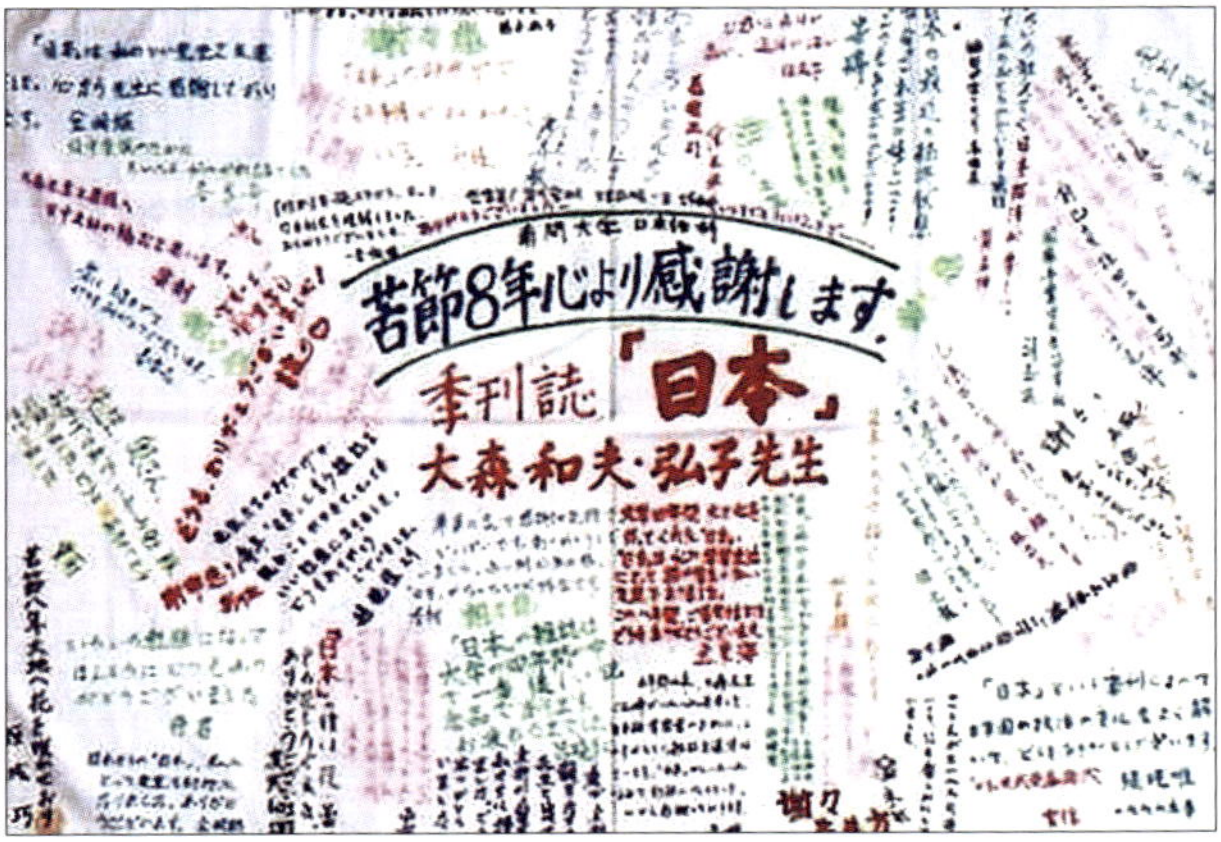

・「**【日本】**は、私の学習生活にとって掛け替えのない友達でありました」　**金東海**
・「**【日本】**の雑誌は大学の四年間の中で一番懐かしい記念品でありました」　**呂暁陽**
・「多くの事を**【日本】**で教えて頂き、心から感謝しております」　**金明姫**

「季刊誌【日本】」が縁で、中国との交流に重点！

・平成4年9月・南開大学（中国・天津）

・平成5年10月・遼寧師範大学（中国・大連）

・平成8年4月・東北財経大学（中国・大連）

二節・「日本語精読教材【日本】」～【新日本概況】

「季刊誌【日本】」の後の『日本語教材【日本】』・各版』

平成7年（1995年）～平成28年（2016年）

◇中国を中心に各国の大学、留学生などに「約7万4千冊」寄贈

(一)

(二)
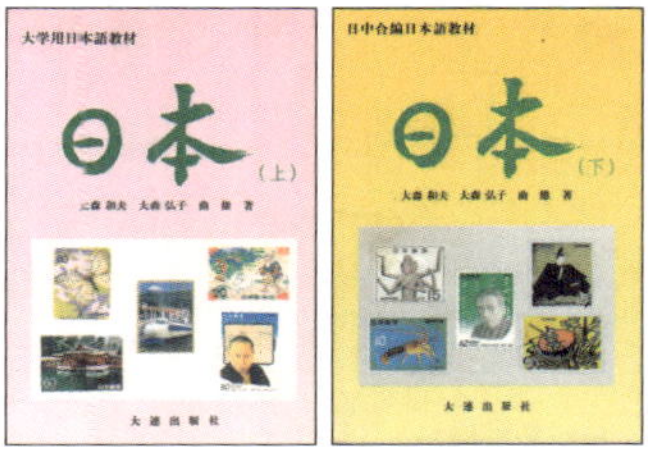

(三)

(四)

(五)

(六)

(一)「日本語精読教材【日本】」（206頁）
(二)「大学用・日本語教材【日本】」（上・387頁。下・460頁）
(三)「新版・日本語教材【日本】」（上・330頁。下・345頁）
(四)「MP付・日本語教材【日本】」（上・311頁。下・302頁）
(五)「最新版＋改訂版・日本語教材【日本】」（いずれも、352頁）
(六)「日本語教材【新日本概況】」（252頁）
《出版社は(一)は、日本の印刷所
(二)は、中国・大連の大連出版社
(三)、(四)、(五)、(六)は、中国・北京の外研社》

寄贈した『日本語教材【日本】』と中国の学生たち

㈠「日本語精読教材【日本】」（206頁）

平成7年　中国の約80大学などに、約3,000冊寄贈

南開大学（天津市）

遼寧師範大学（大連市）

㈡「大学用・日本語教材【日本】」（上・387頁。下・460頁）

平成9年〜平成10年

中国の約110大学などに、約2万6千冊寄贈

湘潭大学（湖南省湘潭市）

浙江大学城市学院（浙江省杭州市）

㈢「新版・日本語教材【日本】」（上・330頁。下・345頁）

平成16年〜平成17年

中国の約110大学などに、約2万1千冊寄贈

寧波大学（浙江省寧波市）

吉林大学（吉林省長春市）

東北財経大学（遼寧省大連市）

㈣「MP付・日本語教材【日本】」（上・311頁。下・302頁）

平成21年〜平成23年

中国の約80大学などに、約3千冊寄贈

日本

哈尔濱工業大学（黒龍江省哈尔濱市）

日本

大理学院（雲南省大理市）

大森和夫先生、弘子先生、
ありがとうございます！
2011.4.大連工業大学日本語学科三年生

大連工業大学（遼寧省大連市）

㈤「最新版＋改訂版・日本語教材【日本】」（いずれも、252頁）

平成24年～平成25年

中国の約120大学などに、約1万冊寄贈

山東師範大学（山東省済南市）

西北大学（陝西省西安市）

延辺大学（吉林省延吉市）

新疆師範大学
（新疆ウイグル自治区烏魯木斉市）

瀋陽師範大学（遼寧省瀋陽市）

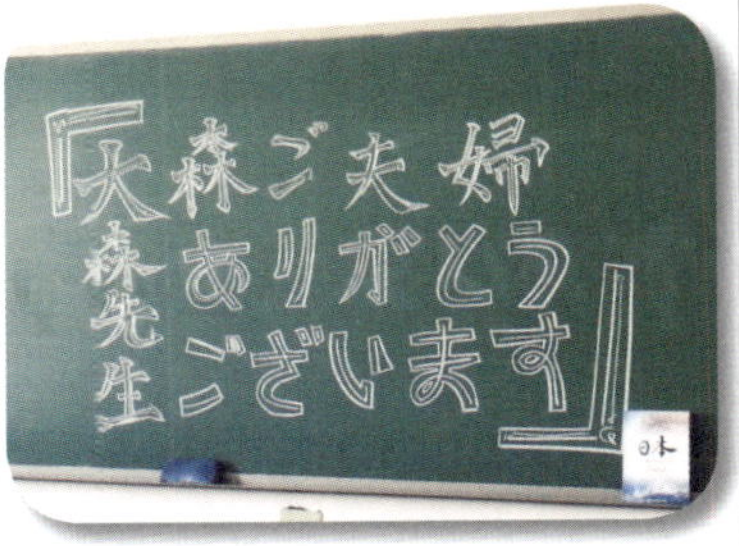

南京大学（江蘇省南京市）

東北財経大学（遼寧省大連市）

㈥「日本語教材【新日本概況】」(252頁)

平成26年～平成28年

中国の約130大学などに、約1万1千冊寄贈

浙江旅游職業学院〈浙江省杭州市〉

煙台大学〈山東省煙台市〉

中山大学〈広東省広州市〉

西安外国語大学〈陝西省西安市〉

大連海事大学〈遼寧省大連市〉

中国各地の大学生〈笈川幸司先生主宰の日本語特訓教室。北京市〉

西北大学（陝西省西安市）

長江師範学院（重慶市）

蘭州理工大学（甘粛省蘭州市）

三節・「デジタル版・日本語教材『【日本】という国』」

誰でも、どこでも、無料で学べる「日本語教材」を世界へ

HP：http://www.nihonwosiru.jp/ で発信！

・平成28年（2016年）9月公開 → 平成30年改訂 → 令和元年5月更新・予定

上級《じょうきゅう》者《しゃ》向《む》け

電子書籍《でんししょせき》（上級者向け）

初級《しょきゅう》者《しゃ》向《む》け

〈いずれも238頁。ルビ付《つ》き。内容《ないよう》は同《おな》じ。「初級者向け」はルビが多《おお》い〉

目次

「デジタル版・日本語教材『【日本】という国』」の感想・活用法

・タイ（チェンマイ）

タマラートスクサースクール（高校）＝横山英輔先生

「デジタル版・日本語教材『【日本】という国』」の初級者向けを、全部プリントしました。日本語クラスの１週間の授業時間は、各学年とも9時間ずつ。その中で1時間だけこの『デジタル版・日本語教材』を使用させて頂いております。

その中でも、特に生徒に興味ありそうな「五章」と「十章」をまず選びました。

「初級者向け」と言っても、まだまだ彼らには内容が難しいので、綺麗なカラー写真やわかりやすいイラストを見ながらタイ人担当教師と日本人サポーターとで文章をタイ語に訳しながら生徒に説明し、並行して生徒からの質問を受けながら「理解」してもらう、という流れで授業しています。

彼らは全員、本当に「日本が好き」なようで、いつもの午後の授業は眠たそうで集中してないのですが、この授業だけはワイワイギャアギャアと「質問攻め」です。授業というより「休憩時間の雑談」という雰囲気ですね。50分一コマの時間があっという間です。

とてもわかりやすい『デジタル版・日本語教材』を提供していただき感謝しております。「五章」「十章」が終わりましたら、今後も生徒の興味ある「章」から随時勉強させていただく予定です。ありがとうございます。

・イタリア

ニコール・フェッラリオさん（カ・フォスカリ大学大学院。女。22歳）

「【日本】という国」は興味深いと思います。全部印刷して、読みました。そろそろ大学を卒業する私は、この教材を通して「読解」の練習 と、これまで勉強したことの復習ができるだろうと思いました。実際に新しいことも学習できて、とても勉強になりました。「表紙」に「これで日本が分かる！」と書いてあるのですが、確かにそうです。238ページに日本の現状、歴史、伝統などがまとまって、素晴らしいです。

特に、この本のメリットは、今日本で起こっていることが詳しく説明されていることだと思います。この教材を作ってくださってありがとうございます！

Grazie mille!

・エジプト

ヤスミーン・ザカリーヤ・ムハンマドさん
（カイロ大学文学部日本語日本文学科。女。22歳）

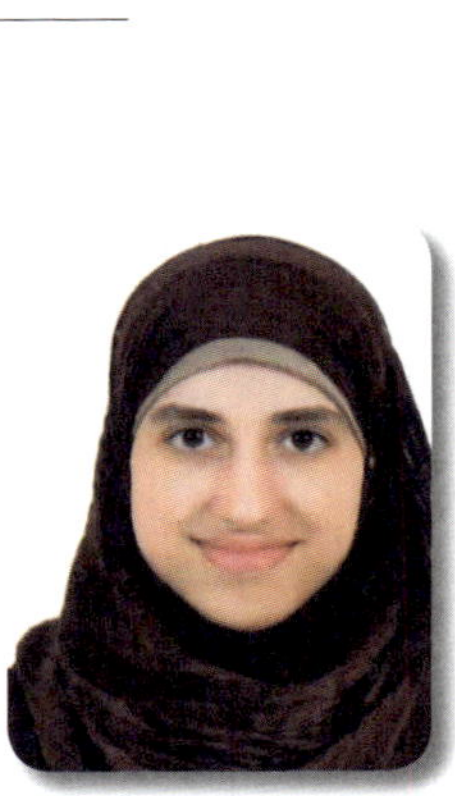

「【日本】という国」というデジタル版を作って頂いたご夫妻に感謝の気持ちを申し上げたい。こんなに詳しい内容の本を無料で手に入れることはなかなかない。学習者のレベルに分けられているし、内容のバラエティもすごいし、とても勉強になる。特に10章の（日本語）に興味があって、楽しく読ませていただいた。例がたっぷりで非常に役に立つ本だと思う。

・アメリカ

ジェンセン・ローさん（プリンストン大学。男。21歳）

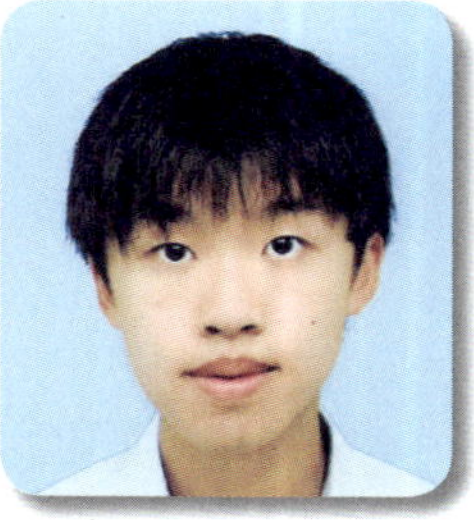

上級者向けの『【日本】という国』を拝読させていただきました。

これから、個人的な感想を申し上げます。

このような教材をずっと探しておりましたので、本当に役に立つと思います。私は、文藝春秋を読んでいますが、トピックをあまり説明してもらわないのであまりにも難しいと思います。

内容的には、大森さんの作ってくださった教材はすごくよろしいと思います。フリガナの付け方は少し揃っていないのではないかと思っております。難しい言葉はフリガナなしで、もっと簡単な言葉はフリガナが付いている場合があると思います。もちろん、人によって、何が難しいのか簡単なのかは違い、これはあくまで私の個人的な意見です。

初級者向けは、内容や文法が難しかったら読めないと思います。日本語の初級者向けより、漢字の初級者向けの方が正確的なタイトルなのではないかと思っております。

・ウクライナ

ヴォロシナ・タチヤーナさん

（ドニェプロペトロフスク国立大学の卒業生・社会人。女。32歳）

『【日本】という国』という教材を読み始めました。分かりやすくてとても面白い教材なので、読書に夢中になって最後まで出来るだけ早く読み切りたいと思います。外国語を学ぶということはその国の言葉で話をしたり、文章を読んだり、書いたりすることだけではなく、「言語」を通してその国の人の国民性とかその国の文化、歴史、政治などを理解する事ですね。素敵な教材を作っていただいて誠にありがとうございます。

・チリ

ポーレット・ドールさん（チリ大学。女。19歳）

「デジタル版・日本語教材『【日本】という国』を、読ませていただきました。日本の現状や環境について、色々な意味で勉強になりました。戦禍、経済問題、社会問題、福祉問題、原爆、等。色々な問題を乗り越えたからこそ、日本です。文化や伝統、教育まで、各々の特徴が現在の日本という国を生み出しました。今後、変われるとも言えますが、それもまた、日本。「日本という国」をまとめた教材、と言っても過言ではありません。本当に勉強になりました。

・韓国

金恵蘭さん（ソウル。昭和女子大学卒。60歳）

24年前に、昭和女子大学日本文学科（東京都世田谷区）を卒業して、今、主婦をしています。日本語が大好きですが、生活に追われて、しばらく離れていました。『日本語を、また勉強したい。日本のことをもっと知りたい』と思っていた時、国際交流研究所の『デジタル版・日本語教材』のことを知って、ワクワクした気持ちになりました。

「教材」の「一章から十章」まで、全部をダウンロードして、『紙の日本語教材』を作りました。目で見たり、手で触ったり、日本語は楽しい！とつくづく思います。私は日本語で夢を見ます。日本語が私の人生を豊かにしてくれるので、幸せ！です。『日本語の達人』を目指して、がんばります！

・中国（江蘇省淮安市）

崔英才先生（淮陰師範学院日本語教師）

電子教材の「【日本】という国』は、①ウェブから無料で手軽に見られる、②ルビがついていて上級者向けと初級者向けの2タイプの中からレベルに合わせて選べる、③日本語に接したばかりの1、2年生の大学生には、日本の常識を比較的、幅広く理解することができ、そこから興味を広げるきっかけとなりうる、などが、私と学生の感想です。

そこで、今学期の私のクラス（2年生）の共同プロジェクトとして、『【日本】という国』の目次から、自分が好きな分野を1つ選んで、電子教材の内容＋自分の調査という形で、日本の文化の一面を調べ、ポスターにまとめる作業を進めた。

（私は毎学期、クラスでグループ分けして共同プロジェクトを行っており、今回が2回目です。形として残したいのでポスター制作に取り組みました）。

共同プロジェクトはまだ途中段階ですが、冬休みに入る前に仕上げ、学部の掲示板に掲載する予定です。

（平成30年・2018年12月21日）

・エチオピア

ベリフ・メスフィンさん

（メケレ大学・医学部。男。26歳）

デジタル版の『【日本】という国』を読んで、参考にして、「桜」について作文を書いて、「第二回・世界の日本語学習者『日本語作文コンクール』」に応募しました。文章は。少し難しかったですが、細かく説明しているので、とても便利で、面白かったです。

◇各種の『日本語教材【日本】』の「感想文・意見」は「三部」

二章＝『日本語作文コンクール』を計23回主催

・平成元年〜「留学生」を対象に計5回　（応募数・　3,121編）
・平成4年〜「中国の大学生」を対象に計16回　（応募数・2万2,781編）
・平成28年〜「世界の日本語学習者」を対象に計2回（応募数・1万1,934編）

計23回の応募総数は3万7,836編

一節・「留学生」を対象に計5回

平成元年（1989年）「第1回・留学生『日本語作文コンクール』」

・テーマ＝「日本のここが好き、
ここが嫌い」

←「表彰式」（平成元年9月26日）

《最優秀賞（文部大臣賞）》
李春植君（中国。岡山大学文学部。
前列右から2人目）
・前列中央・石橋一弥文部大臣（当時）

**←第1回の「作文集」
「私たちが見た裸のニッポン」**

平成元年10月。朝日ソノラマ社刊
（全応募作文・**525編**を収録。298頁）

平成3年（1991年）「第2回・留学生『日本語作文コンクール』」

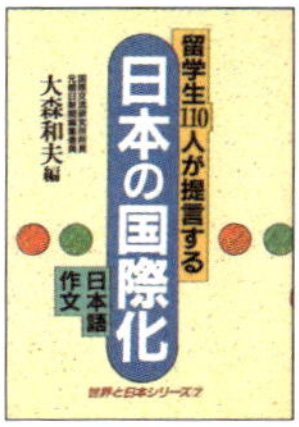

・テーマ＝「日本の国際化のための提言」

**←第2回の「作文集」
「日本の国際化」**

平成3年。日本教育新聞社刊
（入賞作文・110編を収録。236頁。応募総数＝816編）

・平成4年（1992年）　「第3回・留学生『日本語作文コンクール』
テーマ＝「21世紀の日本と中国の役割」。　応募総数＝249編

・平成5年（1993年）　「第4回・留学生『日本語作文コンクール』
テーマ＝「私にとっての日本」。　応募総数＝803編

・平成7年（1995年）　「第5回・留学生『日本語作文コンクール』
テーマ＝「戦後50年。日本に臨むこと」。　応募総数＝728編

第1回の入賞者（一部。敬称略）

○最優秀賞（文部大臣賞）　1人

李春植（中国。岡山大学文学部）

「大学は21世紀の人材養成を」

ステファニー・シャッドボルト
（オーストラリア。東京外国語大学）

ファーリス・シハーブ
（エジプト。筑波大学）

ノエスモエン・イザベル
（フランス。立教大学）

スリン・チャンダーン
（タイ。天理大学）

ハニー・ウィジャヤ
（インドネシア。北海道大学）

盧　光基
（韓国。サンシャイン外語学校）

洪　桂玲
（台湾。昭和女子大学）

陳　黙超
（ミャンマー。早稲田大学）

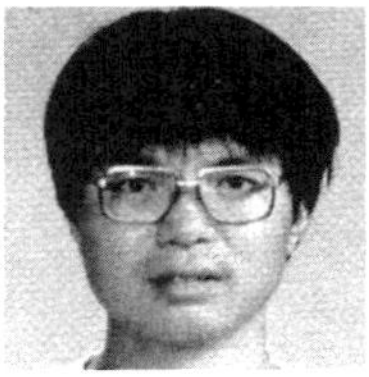

范　可
（中国。横浜国立大学）

郭　素霞
（香港。東京外国語大学）

梁　学雪
（中国。日米会話学院）

李　世勳
（韓国。一橋大学）

康　瑛
（中国。
東京YWCA日本語学校）

左　巍
（中国。
東京工学院日本語学校）

楊　明慶
（中国。
大阪日本語学校神戸校）

二節・「中国の大学生」を対象に計16回

・平成4年（1992年）〜平成5年

第1回・中国の大学生『日本語作文コンクール』

テーマ＝「21世紀の日本の役割」。応募総数＝約450編（29大学）。

「第3回・留学生『日本語作文コンクール』」と同じテーマ。

表彰式①（平成5年4月。中国・天津市の南開大学）

表彰式②

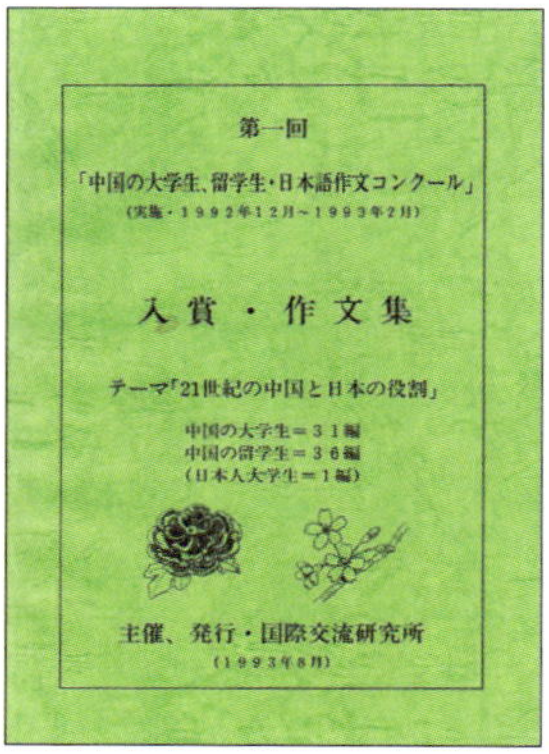

「入賞・作文集」（108頁）

・平成6年（1994年）

第2回・中国の大学生『日本語作文コンクール』

テーマ＝「私にとっての日本」。応募総数＝281編（31大学）。

「第4回・留学生『日本語作文コンクール』」と同じテーマ。

表彰式（平成6年5月。中国・天津市の南開大学）

一等賞の二人が訪日
（平成6年7月。東京都練馬区の大森宅）
右・高媛さん（吉林大学）。
左・路邈さん（北京第二外国語学院）

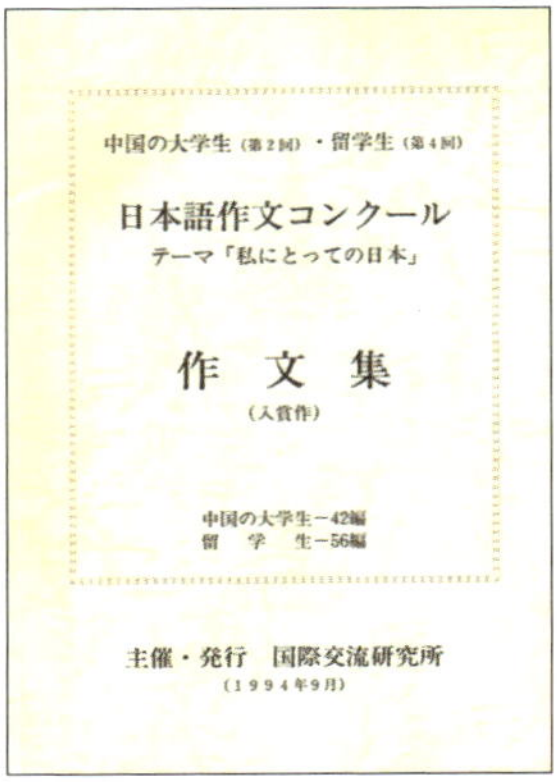

中国の大学生（第2回）・留学生（第4回）

日本語作文コンクール

テーマ「私にとっての日本」

作文集

（入賞作）

中国の大学生－42編
留学生－56編

主催・発行　国際交流研究所
（1994年9月）

「入賞・作文集」（150頁）

・平成7年(1995年)

第3回・中国の大学生『日本語作文コンクール』

テーマ＝「戦後50年。日本に臨むこと」。応募総数＝514編（48大学）。

「第5回・留学生『日本語作文コンクール』」と同じテーマ。

表彰式（平成7年5月。中国・遼寧省大連市の遼寧師範大学）

表彰式後の懇親会（大連市内）

「入賞・作文集」
（朝日ソノラマ社刊。223頁）

・平成8年(1996年)

第4回・中国の大学生『日本語作文コンクール』

テーマ＝「日本語と私」。応募総数＝861編（65大学）。

上位入賞者31人による「最終審査」(平成8年4月。中国・北京市の北京大学)

第4回の応募作文・861編

表彰式翌日の「万里の長城」観光

・平成9年（1997年）

第5回・中国の大学生『日本語作文コンクール』

テーマ＝「日本の政府・企業に望むこと」。応募総数＝736編（58大学）。

表彰式（平成9年7月。中国・北京市の北京大学）

表彰式翌日。北京市内観光

・平成10年（1998年）

第6回・中国の大学生『日本語作文コンクール』

テーマ＝「日中友好を深めるには？」。応募総数＝933編（73大学）。

表彰式（平成10年10月。中国・北京市の北京大学）

表彰式後の懇親会（大連市内。右端・一等賞の李桂萌さん＝北京外国語大学）

・平成11年（1999年）

第7回・中国の大学生『日本語作文コンクール』

テーマ＝「近未来の日本と中国について」。応募総数＝1,203編（85大学）。

表彰式（平成11年９月。中国・河南省洛陽市の洛陽外国語学院）

一等賞の郜楓さん（西安外国語学院）が訪日（平成12年1月。東京の大森宅）

・平成12年（2000年）

第8回・中国の大学生『日本語作文コンクール』

「第1回・中国、韓国、台湾の大学生『日本語作文コンクール』」
テーマ＝「21世紀を迎える日本へのメッセージ」

応募総数＝1,439編（中国から1,275編、韓国は101編、台湾は63編）
・**最優秀賞**（全体の一等賞）・**劉愛君**（遼寧師範大学大学院、女）
・**優秀賞**　（中国の一等賞）・**李　莉**（北京第二外国語学院大学院、女）

表彰式は①遼寧師範大学（大連市）と、②北京第二外国語学院（北京市）で

表彰式①　遼寧師範大学（大連市）

表彰式②　北京第二外国語学院（北京）

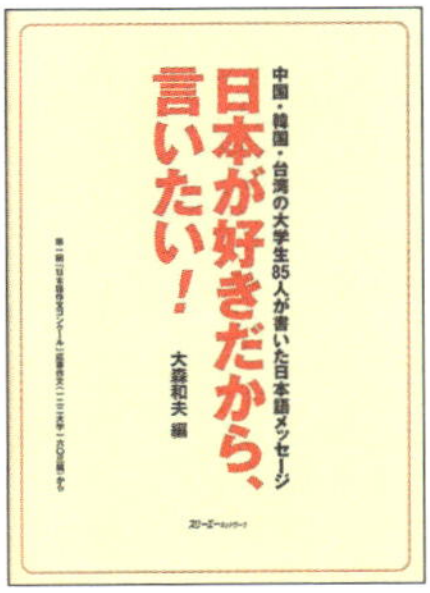

「第8回」の「入賞作文集」（85編収録）
「日本が好きだから言いたい！」
（スリーエーネットワーク社刊。188頁）

・平成13年（2001年）

第9回・中国の大学生『日本語作文コンクール』

テーマ＝「私と日本」。応募総数＝1,626編（94大学）。

表彰式（平成13年11月。中国・江蘇省南京市の南京農業大学）

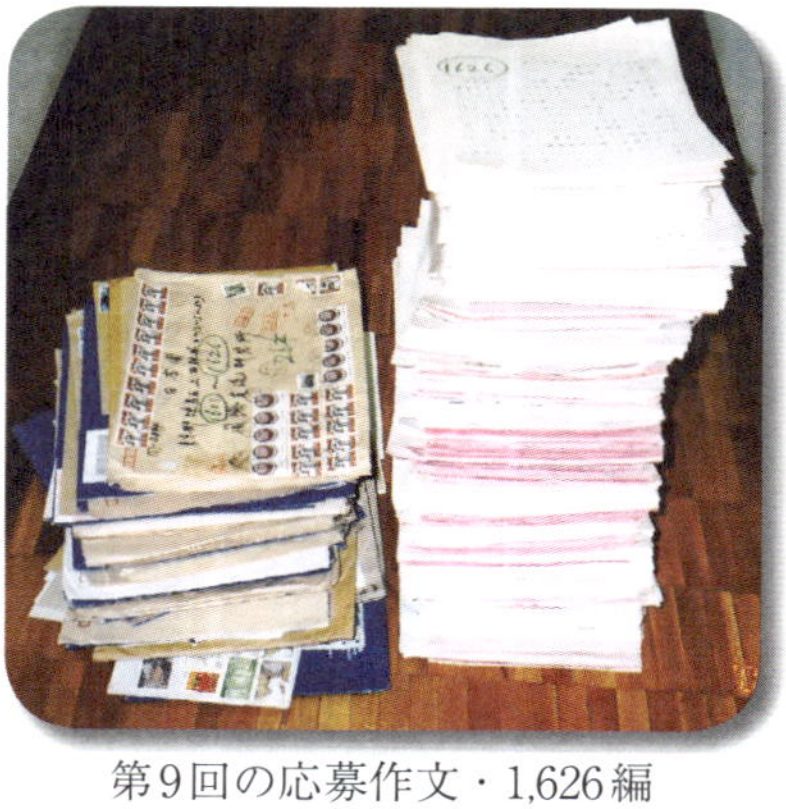

第9回の応募作文・1,626編

表彰式翌日の南京市観光

・平成14年（2002年）

第10回・中国の大学生『日本語作文コンクール』

テーマ＝「日本と中国の将来」。応募総数＝2,017編（86大学）。

表彰式（平成14年9月。中国・北京市の北京大学）

一等賞の陶金さん（遼寧師範大学。中央）が訪日、
河合隼雄・文化庁長官（当時）を表敬訪問（平成15年3月）

・平成15年（2003年）

第11回・中国の大学生『日本語作文コンクール』

テーマ＝「日本語と私」。応募総数＝2,118編（98大学）。

「一次審査」（平成15年6月）

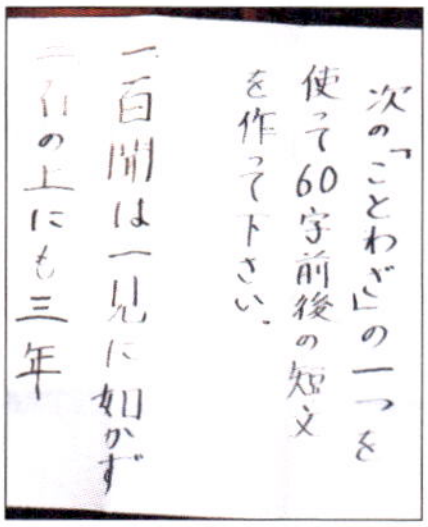

「最終審査」風景と「テーマ」（平成15年。中国河南省洛陽市・洛陽外国語学院）

表彰式後の懇親会で一等賞の二人と
中央右・趙嵐さん（北京第二外国語学院）
中央左・石金花さん（洛陽巍国語学院）

表彰式翌日の「龍門石窟」観光
平成15年11月

・平成16年（2004年）

第12回・中国の大学生『日本語作文コンクール』

テーマ＝「日本語学習と私」。応募総数＝3,360編（98大学）。

表彰式（平成13年11月。中国・江蘇省南京市の南京農業大学）

第12回の応募作文・3,360編

一等賞の袁俊英さん
（河南省開封市の河南大学。右）

・平成18年（2006年）

第13回・中国の大学生『日本語作文コンクール』

「第1回・中国の大学院生『日本語作文・スピーチ・討論コンテスト』」

テーマ＝日本、あるいは日本人に言いたいこと。応募総数＝384編（48大学）。

上位入賞者による「スピーチ・討論」風景
（平成18年10月。中国・北京市の北京日本学研究中心）

表彰式後の懇親会（北京市）

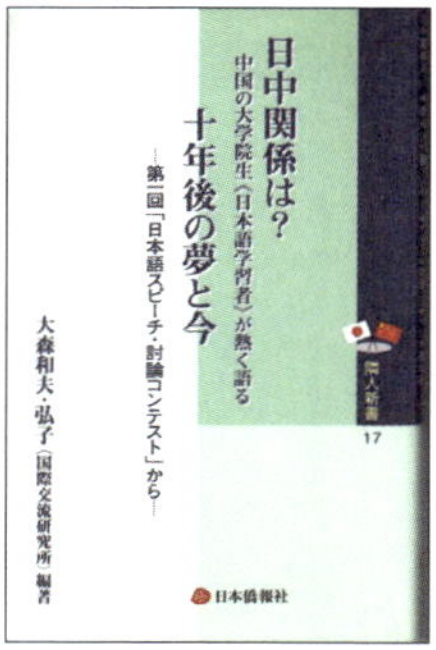

「第13回」の「入賞作文集」
一、二、三等賞・20人の作文とスピーチ。
（日本僑報社刊。179頁）

・平成19年（2007年）

第14回・中国の大学生『日本語作文コンクール』

「第2回・中国の大学院生『日本語作文・スピーチ・討論コンテスト』」

テーマ＝日中のこれからの責任と課題。応募総数＝424編（53大学）。

表彰式（平成19年。中国・上海市の上海外国語学院）

・平成24年（2012年）

第15回・中国の大学生『日本語作文コンクール』

テーマ＝「日中の絆を深めるには？」。応募総数＝3,412編（128大学）。

表彰式（平成24年。北京市内のホテル）
一等賞の韓福艶さん（河南省安陽市の安陽師範学院。右から二人目）
《大森和夫・弘子が健康上の理由で出席できなかったため、
坂尻信義・朝日新聞中国総局長（当時）らが賞状などを授与》

・平成26年（2014年）

第16回・中国の大学生『日本語作文コンクール』

テーマ＝国際交流研究所が作成・寄贈した
「『日本語教材【日本】』の感想文」。応募総数＝3,023編（108大学）。

表彰式（平成26年10月。北京市の在中国日本国大使館）

一等賞の董亜峰さん
（北京第二外国語学院。中央）

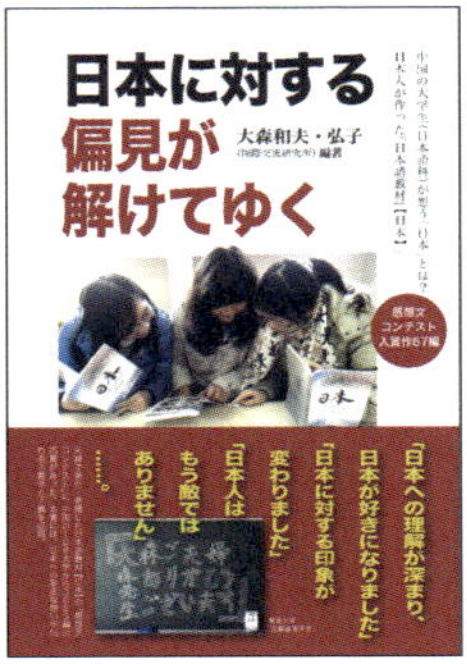

「第16回」の「入賞作文集」（67編収録）
「日本に対する偏見が解けてゆく」
（日本僑報社刊。203頁）

三節・「世界の日本語学習者」を対象に2回

平成28年（2016年）12月〜平成29年（2017年）4月

第1回・「世界の日本語学習者『日本語作文コンクール』」

テーマ＝「日本」はどんな国？

応募総数＝54の国・地域から5,141編

海外から郵送されてきた「作文」（705編）

国内を含めて「郵送」は1,728編。

ほかの3,413編は「メール・添付」による応募。

一等賞・3人

【海外の大学生】

インド・プネ大学
シュレヤ・デイウェさん（20歳）

平成29年12月・東京

【留学生】

中国・宇都宮大学大学院
王　志博君（25歳）

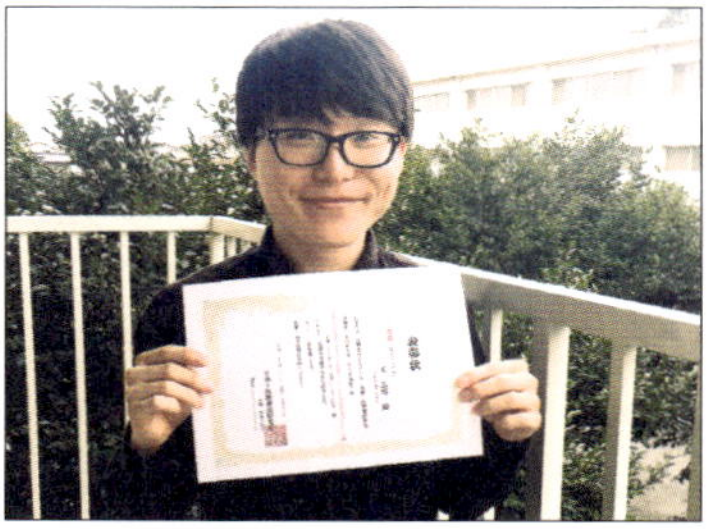

平成29年9月・栃木県

【社会人など】

ベトナム・在日企業勤務
ドン・フン・タオさん（27歳）

平成29年8月・東京都江東区

二等賞・10人

1

2

3

4

5

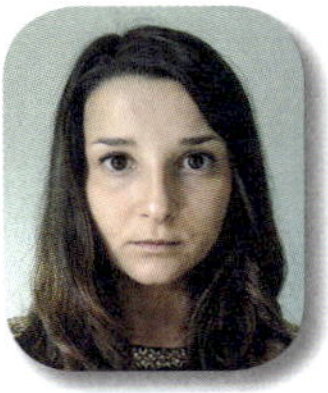
6

7

8

9

10

1・スーダン＝バスマラ・モンタスィル（女。20歳）ハルツーム大学

2・ハンガリー＝ブクタ・ユスティナ（女。24歳）カーロリ・ガーシュパール大学大学院

3・中国＝宋啓超（男。22歳）吉林大学

4・チリ＝ポーレット・ドール（女。19歳）チリ大学

5・オーストラリア＝メリッサ・パーク（女。18歳）ニューサウスウェールズ大学

6・イタリア＝アリアンナ・マルティネッリ（女。21歳）サピエンツァ大学

7・モルドバ＝バリウリン・アンナ（女。20歳）ロシア国立大学

8・イギリス＝ローレンス・ミラー（男。25歳）リーズ大学大学院

9・ウクライナ＝ヴォロシナ・タチヤーナ（女。32歳）社会人

10・ネパール＝オゲン・サンガン（男。23歳）ゴレスアカデミー日本文化経済学院

平成30年（2018年）4月〜平成31年（2019年）1月

第2回・「世界の日本語学習者『日本語作文コンクール』」

テーマ＝「日本」と「日本人」に言いたいこと

応募総数＝62カ国・地域から6,793編

◇「海外の大学生、小・中・高校生、社会人」＝48カ国・地域の2,979編
◇日本在住の「留学生（大学生・日本語学校生）・社会人」
＝53カ国・地域の3,814編
◇「応募」は、「メールの添付」・5,427編＝81.1％と、「郵送」・1,366編
◇応募者の年齢は「10歳（ウズベキスタン）」から「69歳（キルギス）」まで
◇国別では、中国（2,991編・約44％）が最も多く、次いで、ベトナム、タイ、インドネシア、オーストラリア、韓国、台湾、カンボジアなどが200編〜400編
◇「第一回」の「54カ国・地域から5,141編」より「10カ国・1,652編」増

「62」の国と地域

アジア州 〈アジア大陸（ユーラシア大陸の一部）とその周辺〉
中国（香港特別行政区を含む）、**韓国、台湾、インドネシア、インド、カンボジア、ベトナム、タイ、スリランカ、ネパール、キルギス、ロシア、マレーシア、バングラディシュ、モンゴル、フィリピン、カザフスタン、アゼルバイジャン、ウズベキスタン、ミャンマー、パキスタン**
（中東）**トルコ、シリア、イラン、クウェート、レバノン**

ヨーロッパ州 〈ヨーロッパ大陸（ユーラシア大陸の一部）とその周辺〉
イタリア、スウェーデン、フランス、ポーランド、モルドバ、チェコ、イギリス、スペイン、ハンガリー、ブルガリア、ドイツ、ルーマニア、ウクライナ、リトアニア、フィンランド、ポルトガル

オセアニア州 **オーストラリア、ニュージーランド**

北アメリカ州 **アメリカ、コスタリカ**

南アメリカ州 **ブラジル、ウルグアイ、ペルー、パラグアイ、チリ、コロンビア、アルゼンチン**

アフリカ州 **エジプト、スーダン、ガーナ、ベナン、エチオピア、モロッコ、アルジェリア、タンザニア、マダガスカル**

注・**赤字の「10カ国」は「第二回」で初めての応募。**
「第一回」に応募の「ベラルーシ」、「スロバキア」からの応募はなし。

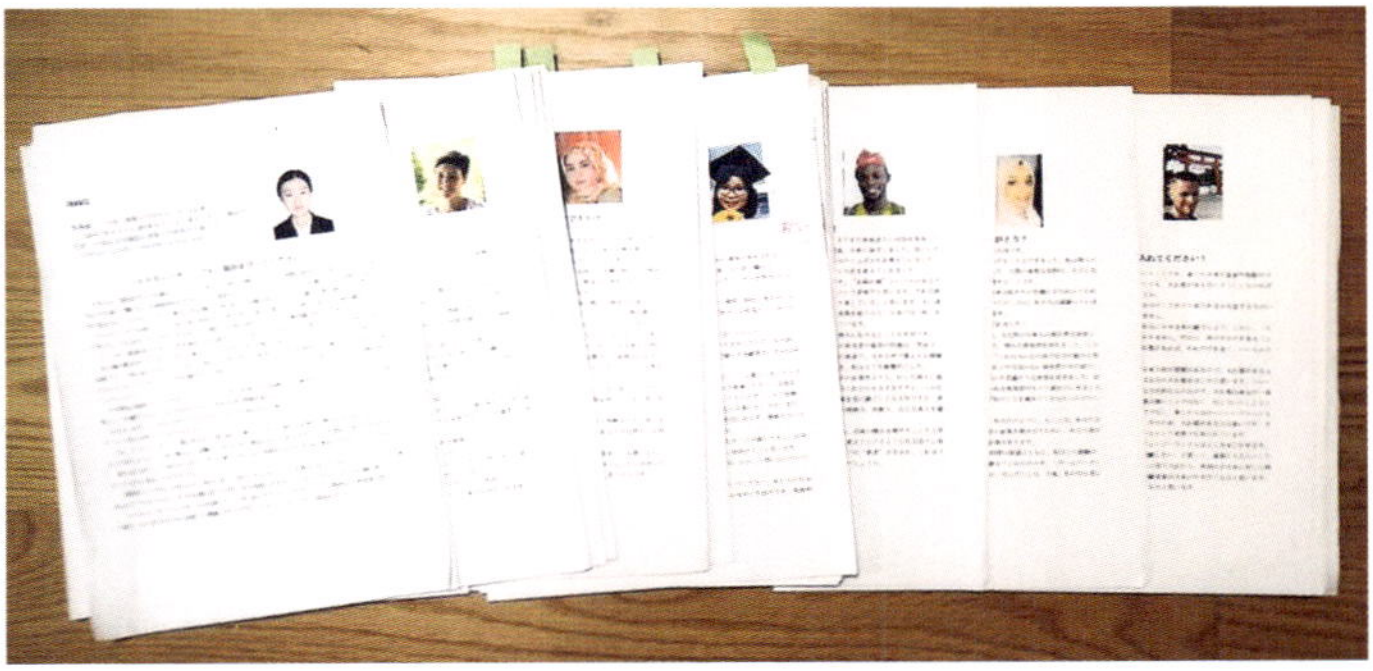

「6,793編」の中から選ばれた「入賞候補・90編」

海外・国内から送られてきた「作文」の一部 →

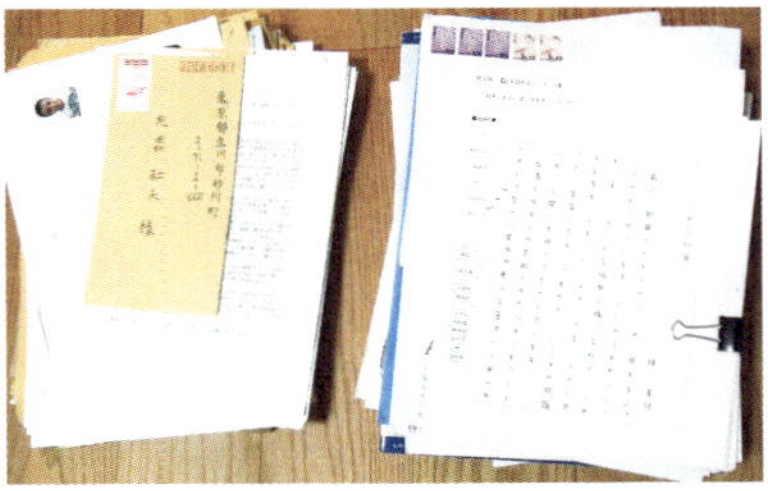

☆入賞候補作文90編から「入賞者」65人を決定。
入賞者全員の氏名は、HP：http://www.nihonwosiru.jp/ に。

一等賞・2人

【海外在住の日本語学習者】
ニコール・フェッラリオさん（23歳）
イタリア（カ・フォスカリ大学大学院）

【日本在住の日本語学習者】
アイエドゥン　エマヌエル君（27歳）
ベナン（大阪府立大学大学院・留学生）

二等賞・10人

①ヘレン・リーさん（18歳）オーストラリア（ニューサウスウェルズ大学）
②アンナ・ムロチェックさん（11歳）ポーランド（小学校6年。ワルシャワ日本語学校）
③オムカル・アコルカル君（24歳）インド（ティラク・マハラシュトラ大学）
④ヤラ・タンターウィさん（23歳）エジプト（カイロ大学）
⑤ヴォロビヨワ・ガリーナさん（69歳）キルギス（ビシケク人文大学准教授）
⑥スーシャオチェン君（29歳）アメリカ（東京大学大学院・留学生）
⑦アイカマニックサリさん（19歳）インドネシア（名古屋市立大学・留学生）
⑧雷雲恵さん（24歳）中国（文教大学大学院・留学生）
⑨マヘルプルルヒナさん（21歳）イラン（日本大学文理学部・留学生）
⑩王芸儒さん（21歳）中国（創価大学・留学生）

①

②

③

④

⑤

⑥

⑦

⑧

⑨

⑩

特別賞・1人

クリトナイ スウアイム君（21歳）
タイ（タマラートスクサースクール3年生）
日本語クラスの盲学生
（アルファベット表記の「点字タイプ」で書いた後、
日本語ボランティア教師が聞き取って、文字起こしをした）

四節・海外で日本語を学ぶ若者たち

（各校の教師から送って頂きました）

ワルシャワ日本語学校（ポーランド）

ウボンラチャタニ大学（タイ）の日本語学科1年生の期末テスト風景

ハルツーム大学（スーダン）

パラツキー大学（チェコ）

タマラートスクサースクール（タイ）の日本語クラスの学生と先生

レイカス高校（アメリカ・ロサンゼルス）

カーロリ・ガーシュパール大学（ハンガリー）

ラプラタ日本語学校（アルゼンチン）

南京大学（中国・江蘇省南京市）

福州大学（中国・福建省福州市）

エルジェス大学（トルコ）

二部＝「平成の30年間の活動」を振り返って

◎「活動」の〝きっかけ〟＝各国の留学生との出会い

◎「活動」を始める前に決めたこと

◎「夫婦だけの活動」→「人件費ゼロ」

◎　活動の場は「自宅・4畳半の一室」

◎　「季刊誌【日本】」は、〝手書き〟でスタート

◎　「超朝型人間」—〝仕事〟は早朝の2～3時間

など

◎「活動」の〝きっかけ〟＝各国の留学生との出会い
〜「日本のファン」になってほしい！〜

大森和夫が新聞記者をしていた**昭和63年**（１９８８年）８月、もし、当時、東京都目黒区にあった「日本国際教育協会・駒場留学生会館」を訪問しなかったら――夫婦の「世界の日本語学習者との30年の交流」は、なかった。

当時の総務庁（総務省）は、「わが国における留学生の受け入れ規模は、先進諸国の中では低い水準にとどまっている」として、当時の文部省（現・文部科学省）などに、「日本語教育の充実」のほか、「奨学金の充実、住居の改善、留学生入学選抜方法の改善」などを勧告していた。また、総務庁が行ったアンケート調査によると、『日本に来て最も困ったこと』では「言葉の問題」が一番多かった。

留学生の「心の内」を聞いてみたい、と取材を申し込んだところ、当時の加藤行立館長が快く留学生たちに声を掛けてもらい、フランス、アメリカ、タイ、韓国、インドネシア、エジプトなどからの留学生約10人と会った。

留学生たちが茶道のお点前を楽しんでいるのを拝見した後、話を聞くことが出来た。

「日本人の友達ができない」、「日本のことをもっと知りたいのに、それが難しい」。

留学生たちは、口々に訴えた。

彼らの懸命な姿に触れ、「**日本人として、彼らのために何か出来ないだろうか**」、「彼らのために、夫婦の小さな力をぶつけてみたい」と思ったのが、「日本語交流」の活動を始める〝きっかけ〟だった。

それから1カ月後の昭和63年9月、駒場留学生会館のアメリカ人留学生の紹介で、東京大学大学院農学系で稲の栽培を研究していた中国人留学生・**胡東旭君**に出会った。

彼の次の言葉が、活動の決め手になった。

「奨学金をもらえないので、40以上のアルバイトを経験しながら留学生活を送っています。経済的に苦しいのは我慢出来ますが、日本のことをたくさん知って、理解したいのに、それが出来ないのが残念です。日本が嫌いになって帰国する留学生も少なくありません」。

折角、日本に留学して日本語を勉強している外国の若者が日本を嫌いになったり、日本に批判的な気持ちになったりして帰国してしまうのは、日本にとって大きな損失だ。何とかしなければ！という思いが募った。

そこで、日本で学ぶ各国の留学生や、中国など海外の大学で日本語を勉強している学生に、

「一人でも多く日本を好きになって祖国へ帰ってもらいたい」、

「そのためには、日本のことをたくさん知ってもらって、一人でも多く日本のファンになってほしい」と考えた。

日本語を懸命に学ぶ留学生たちに出会ってから約半年後、**「季刊誌【日本】」**を夫婦で作って、留学生たちに無料配布しようと決意し、平成元年1月に、大森和夫は新聞社を退社した。

3カ月後、「季刊誌【日本】」を創刊（4万冊）して、「夫婦の活動」は始まった。

○平成元年に日本で学ぶ「留学生・就学生」はそれぞれ「約2万5千人・約5万人」の計7万5千人だったが、平成30年には「30万人」を超えた。（平成22年に在留資格が「留学」に一本化）。

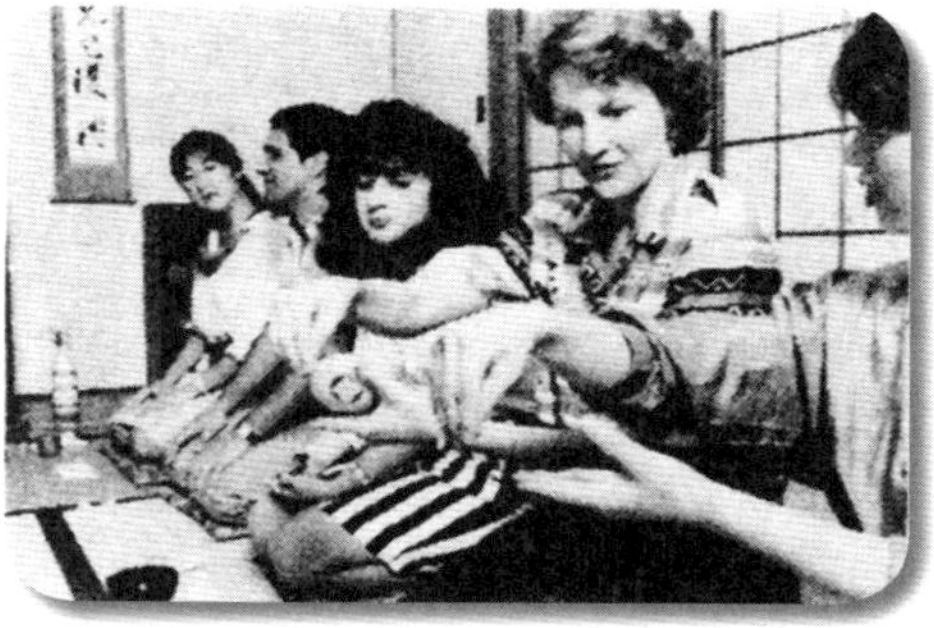

お茶やお花など、日本文化を楽しむ
各国の留学生
昭和63年（1988年）8月
東京・駒場留学生会館（当時）で

中国の留学生・胡東旭君
昭和63年9月
東京大学大学院の研究室で

◎平成元年3月に「季刊誌【日本】」を創刊、同年5月に「留学生対象の『日本語作文コンクール』を開催

○「季刊誌【日本】」
「創刊号」（26頁）
の表紙
↓

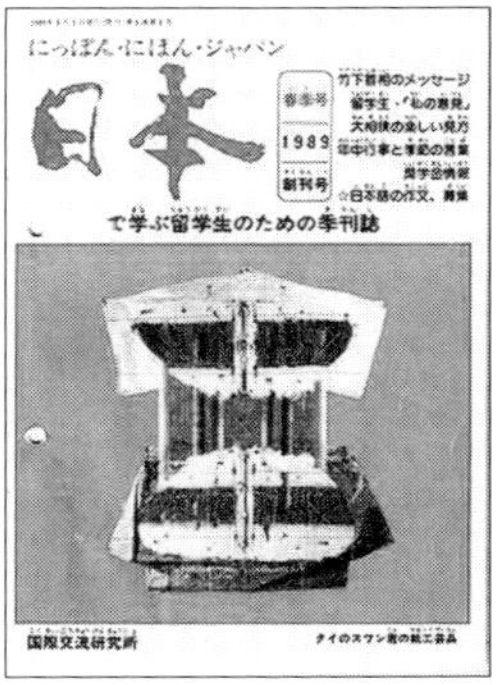

☆**表紙**は、タイの留学生、スワン・メーターピスイット君（東京芸術大学大学院博士課程油画教育研究科）の紙工芸品「凧」。（和紙・竹・糸・リボンで作った高さに2《メートル》11《センチ》）。
「凧を通して、蝶々のように東京の夜空を飛ぶ夢を表現しました」と同君（写真・右下）。

◇**第1回・「留学生『日本語作文コンクール』」「作文集」**
『私たちが見た裸のニッポン』の表紙
↓
平成元年10月。朝日ソノラマ社刊。
（全応募作文・525編を収録。298頁）

◎「活動」を始める前に決めたこと

夫婦だけの「日本語交流活動」は、「費用や仕事量などを考えると、そう長くは続けられないだろう」と思っていた。そこで、活動を始める前に、4つのことを、夫婦で決めた。

一・**「退職金」で、少なくとも〝石の上にも三年〟は頑張る。**

私財を使わなければならないので、経費節約のため、活動はすべて〝手作り〟で行う。同時に、「活動」に対する理解者の協力と支援を求める。

二・**活動は、「夫婦で出来る範囲」にとどめ、〝マイペース〟を守る。**

手を広げ過ぎて、人に迷惑をかけないようにする。そのために、無理はしない。

三・**「ボランティア」という言葉は使わない。**

「ボランティア＝無償の社会活動」という言葉に、何となく、難しさを感じていた。責任や義務を伴わない気楽な「活動」で、「自分たちの人生を豊かにする」ことを心掛け、それが社会の役に立てば嬉しい、という思いだった。

四・**海外の日本語学習者と〝楽しく〟、〝共に学ぶ〟気持ちを持つこと。**

「活動」を通して、「共に学ぶ気持ちを忘れないようにしたい」と思った。そのために、「一緒に楽しむこころ」を持ち続け、「ゆとりのある活動」を心掛けた。

以上のような心構えを持ち続けたことがで、活動を30年間、楽しく継続することが出来た。

◎「夫婦だけの活動」→「人件費ゼロ」

――30年間の「日本語交流活動」は夫婦だけで、人件費は「ゼロ」――

◇『日本語教材』は、夫婦で項目をほぼ半分ずつに分けて原稿を書き、ルビを付けて、時にはイラストを描き、編集・校正・出版までの作業は夫婦だけ。留学生など日本語学習者や、国内外の大学などへ寄贈するための宛名書き、出版社への手配など、すべて夫婦だけで行った。

◇計23回の『日本語作文コンクール』も夫婦だけ。

――平成30年（２０１８年）の「第2回・世界の日本語学習者『日本語作文コンクール』」（応募数は62カ国・地域の６７９３編）の場合――

①2人が2台のパソコンで、メールによる「応募作文」を整理し、すべての作文に目を通し、並行して「予備審査」を行い、約5分の1に絞る。ほかに、郵送による「応募作文」の中から、「入賞候補作文の候補」を選んで、パソコンに入力。

②それらを読み直して、約５００編に絞ってから、内容に関する疑問や確認事項を応募者・指導教官にメールで問い合わせた上で、「テーマが重複しないように」、「出来るだけ多くの国・地域から入賞者を出す」など、を基準に、「一次審査」として「入賞候補作文・90編」を決定。

③「入賞候補作文」90編をコピーして、5人の「二次審査員」に郵送。
5人の「二次審査員」の採点の合計で、入賞者の順位を決定。

④「入賞者の氏名」は平成31年（２０１９年）2月、「学校賞」は5月に、ＨＰで発表。

⑤段躍中氏（日本僑報社）の協力で、学習奨励金を送金し、賞状を送付（ＰＤＦと郵送）。

◎活動の場は「自宅・4畳半の一室」

・「活動」の道具は、「手書き」でスタートし、ワープロ、そして、「2台のパソコン」に変わり、・「活動」の拠点は、「東京都練馬区のマンション→江東区のマンション→立川市の老人ホーム」と住まいは移った。しかし、30年間の「教材作り」や「作文コンクール・開催」、そして、多くの海外の日本語学習者への日本の情報発信など、すべての「仕事場」は、「経費節約」のため、「**自宅の四畳半**」だった。

留学生や、研修や短期留学で日本にやって来たいろいろな国の教師らがわが家にやって来た。お茶を飲み、時には、「和食」を囲みながら、しばし談笑が続く。そのうちに、ほとんどの訪問者が「国際交流研究所はどこですか?案内してください」と尋ねる。「では、どうぞこちらへ!」と、リビングの隣の一室へ案内する。「えっ、ここが国際交流研究所ですか?」と、一様に、驚きの表情に変わる。

平成8年（1996年）10月に来訪した**胡振平先生**（中国日語教学研究会会長。洛陽外国語学院教授＝当時）は帰国後、次のような手紙をくれた。

「日本語教材【日本】」の編集・校正から寄贈まで、『日本語作文コンクール』の企画・審査員の選定・中国の各大学への告知・1次審査・入賞者への通知・中国での最終審査と表彰式の準備とそれへの出席など、ずっと個人の力で続けてこられた。このような日本語交流活動を、政府機関や財団や、法人でもない大森さんご夫妻が4畳半の一室で長い間続けてこられたことに感動させられる。経済的負担も大変だろう。ご夫妻のこれまでの活動は、中国の日本語教育に大きな貢献をしてきた。お疲れさま！　そして、ありがとう！」

◎「季刊誌【日本】」は、〃手書き〃でスタート

創刊号から3年間〈「12号」まで〉は、すべて原稿は手書き。印刷所で判読できない場合も多く、「ここの文章は何と書いてありますか」という問い合わせがしばしば。漢字に「ルビ」を付けて、「昔話」や「季節の言葉」などにイラストを描いた。毎号10数枚の我流のイラストに、留学生から「素人らしくほのぼのとしている」「挿し絵を見て楽しくなりました」という手紙をもらった。

印刷所からのゲラ刷りの校正が2～3回。器械に弱い私どもが原稿をワープロで書けるようになったのは4年目〈平成4年〉から。作業は楽になったが、「ルビ」を付けるのに手書き。パソコンで「ルビ」などを付けるようになったのは、「季刊誌【日本】」の発行が終了してから。

「日本の昔話」・「こぶ取り爺さん」
「季刊誌【日本】」3号・平成元年9月

「日本のとんち話」・「皮はたたかれる」
『季刊誌【日本】』23号・平成6年9月

◎国内外への郵送も、夫婦で荷造りして……

「**季刊誌『日本』**」を中国の大学などに郵送する作業も2人だけ。4万冊発行した創刊号は、留学生の多い国内の大学、中国、韓国、タイ、インドネシアなど15ヵ国の大学など、合計235ヵ所に郵送。毎号、印刷所から自宅に届く「100冊の包みが50～200個」、「50冊の包みが100個～400個」を、国内の大学や日本語学校、そして、中国など海外に郵送（海外は船便）するため、

「200冊・100冊・50冊・30冊」単位に、梱包し直す。「宛先の大学」を書いた郵送伝票を貼り付け、毎号、国内や中国など海外宛の200個以上の荷物を台車に乗せて、近くの郵便局へ数十回に分けて運んだ。

湖南大学（湖南省長沙市）日本人教師・梅田星也先生からの礼状。

『毎回思うのは、ご送付いただく「季刊誌『**日本**』」の梱包の素晴らしさです。二重にしっかりと紐がかけてあり、全く損傷がなく届きます。学生にも、完全な新本で渡すことができます』

◇包装に使ったカラフルな「チラシ広告」が好評！

中国などへ郵送する場合、「季刊誌【日本】」の中の包装として、スーパー、ファミリーレストラン、マンション販売のチラシで二重～三重に包んだが、これが好評で、「日本の食べ物や衣類、住宅などの種類と値段、日本人の生活の様子が分かり、授業でとても役に立ちました」という教師からの手紙も届いた。

「4畳半で」・平成28年7月
（東京都江東区）

「季刊誌【日本】」を
郵送するための梱包作業
平成元年6月
（東京都練馬区）

寄贈した『日本語教材』と
平成30年11月
（東京都立川市）

◎「超朝型人間」―〝仕事〟は早朝の2~3時間

睡眠時間3~4時間の「超朝型人間」であることが、活動を長く続けられた秘訣の一つだと思う。

「日本語交流活動」に費やす主な時間は、「早朝の2~3時間」。各種の『日本語教材』の執筆・編集や、『日本語作文コンクール』開催に関する手続き・募集・応募作文の整理と集計・一次審査、そして、各国の学生や教師とのメールのやりとりなどは、ほとんど早朝に行った。多い日は一日に20~30通のメールが届く。『日本語作文コンクール』の締め切り直前には、多い時で「51通」届いた。その中には、100編を超える作文のフォルダが添付されているメールもあった。

大森和夫は、政治部記者だった時の〝夜討ち朝駆け〟で、元々の早起きに拍車が掛かり、「超朝型人間」になった。30歳ごろ、当時、自民党幹事長と通商産業大臣だった田中角栄氏〈元首相〉を担当する〝田中番〟記者だった。毎朝早く、東京都足立区花畑の自宅から、東京都文京区目白にある田中角栄氏の邸宅に行き、陳情に来る政官財の関係者に「どのような話をしたのか」を聞き、新聞・テレビ各社の〝田中番〟記者とともに、田中氏から「政局や政府・自民党の政策」などについて懇談するのが日課だった。

朝早いから、自宅に来てくれる会社の車で田中邸へ向かう。渋滞の時には二時間近く掛かるので、朝5時過ぎには家を出る。夜は、ほかの政治家の自宅へ行って、帰りを待って、その日の政治の出来事について話を聞き出す。新聞の朝刊の締め切りは午前1時頃。自宅に帰るのは午前2時過ぎだから、平日は、睡眠時間は3時間前後という生活が3年以上続き、妻と共に、「短い睡眠時間」が習慣になった。

活動を始めてからも、「朝4時前から、ラジオを聞きながらの仕事」という生活パターンが定着した。

◎健康上の〝マイペース〟

〝マイペース〟を守ってきたのは、健康上の理由もあった。

大森弘子が昭和61年（１９８６年）頃、腰痛がひどくなり、東京都練馬区の病院で「椎間板ヘルニア」と診断され、医者からは手術を勧められた。しかし、術後の不安から「リハビリと薬」の治療を選択。その後しばらく、腰、股関節、膝から足の裏の「痛み」が常態化した。大森和夫が自転車の後ろに乗せて病院通いの日も続いた。記者としての仕事に支障をきたしたことも、新聞社を辞める決断を促した。プールでのリハビリと電気治療、服薬などで、活動を続けられる元気を何とか保っている。

…………………………

大森和夫は平成16年（２００４年）５月、脳ドックで未破裂脳動脈瘤（約４ミリ）が見つかり、「形もいびつなので、手術が望ましい」（東京都江戸川区・森山記念病院）と宣告された。同時に、「前立腺肥大、高血圧」と診断され、「活動継続の可否」を約１ヵ月悩み続けた。そして、「手術回避」を決断、の後、「脳動脈瘤の半年ごとのＭＲＩ・ＭＲＡ検査」、「前立腺肥大と血圧を下げる薬の服用」と「毎日・一万歩」を生活の基本に据え、一度中断した「活動」を、ゆっくり再開した。

平成16年の12月に上海市の華東師範大学で行なった「第12回・『日本語作文コンクール』」の表彰式で、「『日本語作文コンクール』は今回で終わります」と宣言。数人の学生が「長い間ご苦労様でした」、「残念です」と涙を流しながら声を掛けてくれ、胸が熱くなった。中国の『日本語作文コンクール』は、上海での表彰式に出席していた日本僑報社の段躍中氏が、〝引き継いで〟くれた。

しかし、その後も、中国の大学の日本語教師や学生からの要望が多く、2年後、「中国の大学院生『日本語作文・スピーチ・討論コンテスト』」を主催し、その後、『日本語教材【日本】・感想文コンテスト』を開催、さらに、「日本語教材【日本】」を書き直して【新日本概況】の出版・無料配布を続けた。

さらに、平成28年（2016年）には、帰国した留学生（タイ、インドネシアなど）から「国の大学の日本語学習者も、『日本語教材【日本】』を勉強できるようにしてください」というメールをもらった。そこで、出版済みの【新日本概況】（252頁）をもとに、「デジタル版・日本語教材『【日本】という国』」をインターネットで無料公開した。それがきっかけで、「世界の日本語学習者『日本語作文コンクール』」を2回、主催した。

………………………………

費用や体調などのため、「いつまで続けられるか」分からない状態の連続だった。16回続けた「中国の大学生【日本語作文コンクール】」でも、「日本語教材【日本】」の出版・寄贈でも、その度に、教師や学生に「これが最後になるかも」と、伝えた。「続ける」と断言して〝空約束〟に終わっては失礼になる、と考えたからだ。しかし、「ぜひ、続けてください」という強い要望に押される形で、「もう一年、後一年」と続けることになった。

◎NHK「ラジオ深夜便『明日へのことば』」のインタビューを2回

平成24年（2012年10月1日・2日の2日間と、平成29年（2017年）1月13日の2回、NHKの「ラジオ深夜便・明日へのことば」のインタビューを受けた。テーマは、それぞれ、『日中民間交流の24年』と『日本語普及は私の人生』。平成24年の放送当日には、大きな反響があり、仙台市の68歳の女性、宮崎市の83歳の男性などから、「74件」の電話とメールがあった。

「ご夫婦で長い間、ご苦労様でした」、「お二人の間で『ボランティアという言葉を使わない』というお話は特に印象的でした」、「日中友好に個人で貢献した活動に感動した」、「中国の反日デモなどを報道で知るにつけ、お二人の活動がますます意義深く重要だと改めて思います」など。

2回の「明日へのことば」をきっかけに、個人の支援の輪が広がった。

・大阪府豊中市の芦田悦雄氏（72歳）のメールの一部（平成24年年10月2日）。

「2日間、ラジオからのお話を聴いて、感動いたしました。よくぞ長い間私財を投じて日中の草の根の交流に尽くされました。その熱意には言葉もないくらいに敬服いたします。心の通じている中国人は、どんなに政治の摩擦が起きようとも、日本人への信頼は揺るがないと思います。そのような人が一人でも多く中国に増えてほしいとの願い、同感しました。また、奉仕じゃない、とのお考えにも深く感銘を受けました。私は、退職後3年間内モンゴルの砂漠の小さな町で日本語を教えました。当時小泉首相が靖国を参拝する度に、身を縮めて外出したことを思い出しました。これからも日中の草の根の交流に何か役立ちたいとの思いを、強く持たせていただきました」

（平成24年のインタビューの要旨は、翌年の平成25年1月号の月刊誌『ラジオ深夜便』に14頁にわたって掲載された）。

◎想定外の「国際送金の苦労」

二人だけの活動は、苦労の連続だった。なかでも、平成28年に第1回・「世界の日本語学習者『日本語作文コンクール』」を各国の入賞者に、「学習奨励金」を送る作業は、思わぬ苦闘の連続だった。

入賞者101人（39カ国・地域）のうち、約30人の留学生など日本在住者には「国内口座に振り込み」。「中国在住の入賞者23人」には、日僑報社の段躍中さんの協力を得て、「微信」から送金した。（これが何と、手数料無料）ポーランドなどの数人の入賞者には、日本人の先生の日本の口座へ振り込んで、本人に渡してもらった。

それ以外の約40人の入賞者には、「JPゆうちょ銀行」からの「国際送金」（手数料・金額に関係なく一件・2500円。手続きが煩雑で、4枚つづりの振り込み用紙＝国際送金請求書兼告知書（口座あて送金用）＝に記載しなければならないが、書き損じも多く、窓口では、何度も「書き直し、訂正、データの間違え」を指摘された。2人が交代で東京中央郵便局へ行ったが、「入賞者1人」を処理するのに、20分以上掛かり、1日に「送金」出来るのは、せいぜい4～5人。

「海外送金」のため、東京中央郵便局へ行った。「ウクライナの社会人」の「口座番号は16桁」だったが、【「26」から始まる14桁のUSドル建て口座】でなければダメ、と突き返された。

別の日、手続きが済んだ送金について、数日後に、東京中央郵便局から電話が入り、「カザフスタンの銀行はドル建てでは送金できない」とのこと。持ち帰って、本人に再度問い合わせて、1週間後に東京中央郵便局へ行ってやっと送金を終えたことも。

◎私財と「多くの個人の支援・援助」

当初は、朝日新聞社を辞めた「退職金」の範囲で「石の上にも三年」のつもりでスタートした。

私どもの活動は、経費の面や、「個人の活動」ゆえの超多忙と煩雑さから、「中止せざるを得ない！」という危機に何度も直面した。

しかし、その度に、「季刊誌【日本】」・『日本語教材【日本】』の出版や『日本語作文コンクール』の開催が、各国の留学生や中国の大学（日本語科）の教師や学生に、「日本語教育と日本理解に役立つ」、「日本語の文章を練習する絶好の機会」として、広く活用されていることを知って、活動の継続を決意した。

そして、「人の役に立つ人間が世の中で偉い人」という親の口癖を思い出し、退社の数年前に亡くなった両親のわずかな「遺産」を「活動」の経費として使うことを決めた。

しかし、世界の日本語教育に関心のある人たちや、日中友好を願う多くの人たち、350人を超える個人、かめのり財団などの団体の支援に支えられた。こうした「支援・援助」がなければ、「30年間」の継続は困難だった。

30年間の活動に投じた「私財」は総額1億円を超えた。

活動の収支は年により異なるが、「29年目（平成29年）」と「16年目（平成16年）」の「収支決算書」は次頁の通り。（「注・三」、「注・四」）

（それぞれ、確定申告の際、東京都・江東西税務署と東京都・練馬西税務署に提出した書類の「付属書類」として添付）。

平成29年(2017年)
「国際交流研究所」収支決算書

[支出]

☆**「世界の日本語学習者」対象の第一回『日本語作文コンクール』**
開催関連費用 合計 **7,031,432円**

内訳 一等賞(海外の大学)の日本招待・総経費 515,000円
その他、入賞者100人への賞金総額 2,410,000円
海外の入賞者への賞状・送金手数料など 350,000円
「入賞作文集」出版経費など 2,841,432円
諸雑費、「作文集」郵送費(内外)、審査員謝礼等 915,000円

☆「デジタル版・日本語教材【『日本』という国】」
のネット上での公開の「更新」関連費用 **45,232円**

☆海外へ郵送・連絡・通信費等
(中国等の大学へ書籍・資料を寄贈するEMS・郵送費用等) **217,000円**

☆国内郵送費
(国内の大学、協力者への郵送費等) **81,000円**

☆国内の連絡・通信費、パソコン経費、コピー費等雑費 **738,000円**

計 8,112,664円

[収入]

◎個人の支援(27人。うち、1人→500万円) **5,725,000円**
◎自己負担(大森) **2,387,664円**

計 8,112,664円

平成30年(2018年)2月15日
国際交流研究所

【「収支決算書」作成責任者】編集長　大森　弘子

注・四

平成16年(2004年)
「国際交流研究所」収支決算書

[支出]

☆「第十二回・中国の大学生、院生『日本語作文コンクール』」実施費用
（中国・上海市での表彰式開催経費、入賞者への賞金、
約70人の学生・教師・審査員招待経費、応募審査に伴い経費）
2,650,000円

☆「入賞・作文集」出版、買い上げ、寄贈費	1,520,000円
☆「日本語教材『日本』(上)」出版、中国の大学への寄贈費用	1,270,000円
☆中国・上海、北京、大連などへの旅費、宿泊費、交流活動費」	680,000円
☆中国の大学へ寄贈する書籍の購入と郵送費（EMS）	340,000円
☆国内の支援者などへの「作文集」、『日本』郵送費	230,000円
☆連絡・通信費（中国の大学教師との電話、FAXなど）	80,000円
☆諸経費（パソコンなどの機器、プリント、コピー）	380,000円
計	7,150,000円

[収入]

◎支援・援助（個人・61人。団体・3）	1,290,000円
◎自己負担（大森）	5,865,000円
計	7,150,000円

平成17年（2005年）2月16日
国際交流研究所

【「収支決算書」作成責任者】編集長　大森　弘子

三部=『**教材**』**を読んで、**
「日本のファン」になってほしい！

・各版の『日本語教材【日本】』の作成と無料配布

・「日本語学習者、教師」の「感想、活用法」など

一章=「季刊誌【日本】」の創刊から第33号まで

一節・「執筆、編集、校正、寄贈」と中国重点の活動へ

二節・感想、活用法など

二章=【日本語精読教材】から【新日本概況】まで六版

一節・それぞれの経緯と内容

二節・感想、活用法など

三章=「デジタル版・日本語教材『【日本】という国』」をネットで世界へ無料公開

一節・「デジタル版」の作成・公開と内容

二節・「世界の日本語学習者」の「感想・意見」

大森和夫先生、弘子先生、
ありがとうございます！
2011.4、大連工業大学日本語学科三年生

一章＝「季刊誌【日本】」の創刊から第33号まで（平成元年〜平成9年）

一節＝「執筆、編集、校正、寄贈」と中国重点の活動へ

◎留学生との出会いから

昭和63年（1988年）8月、大森和夫が記者時代に、フランス、アメリカ、韓国、タイ、インドネシア、エジプトなどの留学生から多く聞いた言葉が、次のようなものだった。

「日本のことをよく知らないんです。日本を批判し、日本が嫌いになって帰国する留学生が案外多いんです」

日本は、留学生や海外の日本語学習者を大切にしているだろうか、という疑問がわいた。

そして、「将来、日本と友好の懸け橋になってくれる留学生や海外で日本語を勉強している若者を大事にすることは、日本のためにもなる。そのためにも、一人でも多くの留学生が日本を好きになって母国へ帰ってもらいたい」と考えた。

夫婦で決めたのが、「日本をもっと知って、好きになってもらう本を作って、無料で配る」ことだった。

「昭和」が「平成」に替わった平成元年1月、大森和夫は25年勤めた新聞社を退職した。

◎本の名前、活動のための名称、活動の考え方

活動の具体的な内容を決めたのは退職してからだった。

まず、その具体的な活動として、「日本を好きになってもらう本を無料で配布する」こととし、本の名前を**「季刊誌【日本】」**と決めた。

そして、夫婦の名前で活動するのは不便なので、まず、「季刊誌【日本】」を読んで、日本を理解してくれる留学生や海外の日本語学習者が一人でも増えれば、夫婦の小さな力がささやかながら日本の国際交流に貢献できる、と考えて**「国際交流研究所」**という名称に決めた。

さらに、活動の基本的な考え方を、次のように決めた。

『世界中の国と国との間に平和な状態を築くことが地球人みんなの願いです。そのためには、異なる国の人と人の間の相互理解が不可欠です。人の交流、モノの交流、「こころの交流」が進んで初めてお互いの理解が深まります。「こころの交流」を進めていく上で大事なことは、それぞれの国と言語、生活様式を始め文化の違いを認め合うことです。日本人が、様々な国とその人たちのことを知り、外国の人たちに「日本と日本人」をもっと知ってもらうことが重要です。（中略）。様々な触れ合いを通して「こころ」の国際化を進める活動が出来ないだろうか、と考えたのが、「国際交流研究所」を作った動機です』。

（「国際交流研究所」の「案内」から）。

◎創刊号は「26頁」・4万冊を寄贈

平成元年3月、B5判の「季刊誌【日本】」の創刊（発行部数4万冊）にこぎつけた。

タイの留学生、スワン・メーターピスイット君（東京芸術大学大学院博士課程油画教育研究科）の「紙工芸品（凧）」が表紙を飾った。（「はじめに」」。第一部・第一節を参照）。素材は、和紙、竹、糸、リボンなどで「蝶々のように東京の夜空を飛ぶ夢」を表現した高さ2メートル11センチの大作。題字の【日本】は、中国の留学生・羅剣君（東京大学医学部）に書いてもらった。

全部で26頁の薄い本。誌面の企画、原稿の執筆と依頼、誌面の割り付けからイラストを描き、ほとんどの漢字にルビを付けて、校正まで、すべて夫婦だけの〝手作り〟

内容は、「年中行事と季節の言葉」、「私の意見―日本に来て考えること」、「数字で見る日本」、「日本で生活するには」、「日本の昔話」、「日本伝統のスポーツ・文化」、「日本・日本人・日本語」、「国内の話題」、「工場見学記」など。

創刊号の「**4万冊**」のうち、

◇「**3万7千冊**」は、①国内の大学93カ所、②国内の日本語学校67カ所、③海外の大学・大使館の広報文化センター、④留学生の寮・会館等、などへ。

◇「**3千冊**」は「個人」に。―それぞれ寄贈した。（一部は、大学などが「買い上げ」）。

◎活動開始から三年後に「中国」との交流に重点

「季刊誌【日本】」に対する中国の大学で日本語を勉強している学生や先生方の反響の大きさに驚かされた。中国の多くの大学で、「季刊誌【日本】」が教材として活用されていることを知り、活動の重点を中国に移し、一九九一年ごろから、「中国の大学」へ送る「季刊誌【日本】」の冊数を少しずつ増やした。例えば、4万冊発行していた1992年12月の「季刊誌【日本】」・11号は、中国の71大学の日本語学部・日本語科と団体・個人に計9千冊以上、寄贈した。その後も、毎号、1万冊以上を中国の大学に送った。

「季刊誌【日本】」の発行・寄贈は、執筆・編集。・校正から郵送まで、すべて「夫婦だけの作業」。1997年3月の「第33号」まで続いた。(「はじめに」参照)

「季刊誌【日本】」の終了を知らせると、多くの手紙・はがきが届いた。

中国・重慶市の重慶大学日本語学部・陳為瑜先生の手紙――

「季刊誌【日本】」を待ち望んでいるうちに、春、夏、秋、冬と過ごしてきました。こんな親しい友達と別れる日があるとは、夢にも思いませんでした。8年間の心血と辛酸、苦楽、精神面だけでなく、経済的にも重荷を背負って、お二人は頑張ってこられました。私たちが【日本】から学んだのは、日本語だけでなく、大森先生と奥様の中国に対する責任感と深い愛情です。【日本】の影響は無限に続いていくに違いありません」

二節＝感想、活用法など

◎「中国」からの手紙

活動を始めた時、中国の大学に知人はいなかったので、留学生に大学の所在地を聞いて、大学の「日本語学科」宛に、一方的に送ったのが始まり。

中国の大学（日本語科）の教師から、『日本へ行く機会のない日本語学習者の大多数が、「季刊誌【日本】」を通して、日本の政治、経済、文化などを勉強し、理解しています。「季刊誌【日本】」は、新しい内容がいっぱいで、日本を知る教科書だと思います』（1990年9月。延辺教育学院・朴澤龍先生）などという手紙が次々と届いた。

そして、「季刊誌【日本】」を発行した八年間に、中国の教師や学生からの手紙や葉書は約七千通に上った。

中国の教師や学生からの
手紙・はがきの数々

◎中国の大学を訪問

「季刊誌【日本】」の無料配布が縁で、１９９２年９月、中国・天津市の南開大学を、１９９３年10月、遼寧省大連市の遼寧師範大学と東北財経大学を、それぞれ訪問した。

○南開大学のキャンパスでは、「季刊誌【日本】」を手にした学生たちに出会った。

○遼寧師範大学では、朱誠如学長らと懇談。日本語科主任の曲維先生、日本人教師の高島康子先生らを交え、約１５０人の日本語科の学生と交流会を開いた。

○東北財経大学では、「季刊誌【日本】」を使った方愛郷先生の授業を拝見。１９９３年９月発行の「季刊誌【日本】」の中の《日本の四季》や《松尾芭蕉の俳句》などを、よどみなく朗読する学生の元気な声が教室に響いていた。授業の後、日本語科２年生17人による『桃太郎』の劇や、『笠地蔵』の紙芝居などの「日本語ミニ文化祭歓迎」を披露してくれた。学生たちが【日本】の「昔話」を参考に台本を作り、衣装を準備して、初めて日本語で演じたそうだ。

遼寧師範大学を訪問
（中国・大連市。
1993年10月）

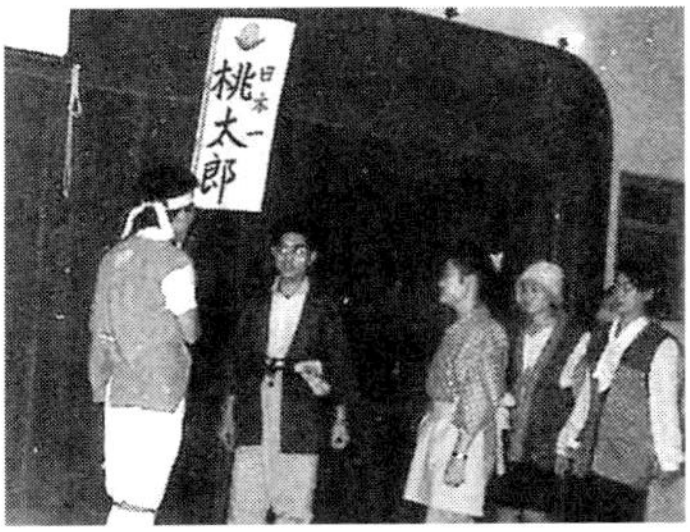

東北財経大学日本語科
二年生の劇『桃太郎』
（中国・大連市。
1993年10月）

◎「活用法」と「感想」

◇「季刊誌【日本】」の活用法などについて、北京の外交学院で日本語を教えておられた谷川栄子先生から、次のような具体的な活用法を知らせて頂いた。

『「日本事情」という授業は、2年生、3年生を対象に毎週1回行われています。まず、「政治」「歴史」などのテーマを決めて、その内容を簡単に説明し、中国との違いを含めディスカッションします。また、「季刊誌【日本】」を学生たちに配り、2、3週間後の授業において、私がその内容に関する質問をし、学生が答えるという形で授業を進めています。同時に、「季刊誌【日本】」の中で印象に残ったところをそれぞれ発表させています』。

◇「待ち望んでいた「季刊誌【日本】」は、大学の4年間で一番親しい友達でした。「季刊誌【日本】」は私たちが手に入れられる唯一の日本情報誌です。その中から日本の風土、人情や、最近の政治、経済まで沢山の生々しい知識を収穫できます。私たちが使っている日本語教科書は20年前のものです。私たちは何十年前の日本しか知らないのです。

（江西省南昌市・南昌大学、易　婧さん）

◇「日本語科の学生が毎号、「季刊誌【日本】」を待ち望んでいます。中国の学生のために頑張っていらっしゃる大森先生ご夫妻のことを、いつも学生に話しています。学生は目を輝かしながら「季刊誌【日本】」を読んで、「中日友好」の将来を考えています。

（遼寧師範大学日本語科主任・曲　維先生）

◇「手元に置いてある「季刊誌【日本】」を、いつも出して読んでいます。学校の授業では勉強できない日本についての知識がたくさん載っているので、大変勉強になります。（留学生。岡山大学・李振生君）

◇「季刊誌【日本】」から、日本語らしい日本語を身につけることができ、日本と日本人の考え方を知ることができました。学生は『日本語を勉強するのが楽しくなりました』と話しています。本当に役に立つ季刊誌です」

（大連管理幹部学院・権偉華先生）

◇「ご夫妻の滅私奉公の精神にはまったく感激させられました」

（武漢大学・4年生）

▽「最初に「季刊誌【日本】」を手にした時のことは、今でもはっきりと覚えています。きれいに印刷された創刊号は、日本文化、日本社会、日本語に関する文章がとてもわかりやすく書いてあり、ほとんどの漢字にルビが付いているので、大変読みやすかった。毎号、【日本】を頂き、日本社会との接点として活用させてもらいました。日本留学時代に、最初にサポートしてくれたのは【日本】でした。大森所長と奥様の活動は、数えきれないほどの中国の大学生の日本語能力を高め、日本文化を正しく中国人若者に伝える重要な役割を見事に果した。中日交流史に刻まれた偉大な活動です。

（「季刊誌【日本】」を発行した8年の間、日本で留学生活を送り、「創刊号から第33号まで」、読み続けてくれた広東省、深圳大学・阮　毅先生。

＝愛知県の日本語学校に留学し、愛知大学に入学し、大学院の修士・博士課程へ進み、「芥川龍之介研究」で博士号を取得して帰国）。

◎「中国」以外からの手紙

◇韓国＝申賢周先生（東海大学大学院。信興専門大学教授）＝1991年4月

「『季刊誌【日本】』の編集および発行に心血を注いでいらっしゃるお二人様に心から感嘆しています。創刊号から愛読しております。留学生として日本に滞在中は『季刊誌【日本】』を容易に入手することが出来ました。しかし、一年の半分を日本語教師として韓国に在留する兼任教授としては、なかなか『季刊誌【日本】』を手に入れることが出来ません。外国において、日本語教師は全く孤立無援の状態です。テキストも自分で選択し、副教材も自分で工夫しなければならないのです。今までは、私一人の『季刊誌【日本】』でしたが、今からは教え子たちにも広く読ませたいです」

◇台湾＝劉　敏先生（大学の日本語教師）

「毎回、『季刊誌【日本】』をお受取りした時は、いつも、感激いっぱいでなりません。大森さまご夫妻の手作りの日本語教材ですから、いつも、じっくり最初（表紙）から最後まで読むのです。私が教えている学生にも配って、読ませるようにしています。みんな、『ルビが降ってあるから助かる』と言って、喜んでくれました」

◇インド＝プラシット・パルデシさん（神戸大学大学院博士課程）

「『季刊誌【日本】』の発行があと1年で終わることを読んで、とても悲しく思いました。こんなに素晴らしい日本語教材がなくなるのは、我々、日本語学習者にとって、とても残念です。長い間、本当にご苦労さまでした。

二章＝【日本語精読教材本】から【新日本概況】まで六版（参照＝一部・一章・二節）

一節＝それぞれの経緯と内容

（一）「日本語精読教材【日本】」（206頁。平成7年）

内容＝「日本の四季」、「伝統のスポーツ」、「伝統芸能」、「日本の昔話」、「源氏物語」、「日本の国土」、「日本の歴史」、「日本経済」、「政治の仕組み」、「年金制度」、「日本人の生活と文化」など50項目。

中国・南開大学（天津市）の王健宜先生に、50の「テーマ」ごとに、「言葉の読み方」、「言葉の使い方」、「言葉の決まり」、「文の構成法」、「重要語句」を書いてもらった。

・中国の約80の大学などに、約3千冊、無料配布。

（二）「大学用・日本語教材【日本】」（上・387頁。下・460頁。平成9年～平成10年）

中国の大学へ寄贈する郵送費を軽減するため、中国（大連出版社）で出版することにした。

内容＝は、「**上**」（「日本の姿」、「四季」、「日本経済」、「文化」、「教育」、「文学」、「行動様式と生活習慣」など）。「**下**」（「日本の歴史」、「政治」、「経済」、「教育」、「社会保障・医療・福祉」など。ルビ付き。大学の授業で使いやすいように中国・遼寧師範大学（大連市）の曲維教授に、それぞれの項目に「注釈」、「質問」を付けてもらった。

(三)「新版・日本語教材【日本】」(上・330頁。下・345頁。平成16年〜平成17年)

(四)「朗読MP3付・日本語教材【日本】」(上・311頁。下・302頁。平成21年〜平成23年)

(五)「最新版」+「改訂版」・「日本語教材【日本】」(上・下、いずれも252頁。平成24年〜平成25年)

(六)「日本語教材【新日本概況】」(252頁。平成26年〜平成28年)

(三)〜(六)は、いずれも、中国・北京の外語教学与研究出版社(外研社)から出版。「**新版・日本語教材【日本】**」と「**朗読MP3付・日本語教材【日本】**」は、「大学用日本語教材【日本】(上、下)」と同様に、曲維先生(遼寧師範大学)の「注釈」と「質問」を付けた。

その後、教師や学生から「日本語のイントネーションやアクセントを身につけたい」、「日本人のように自然に日本語を話したい」という要望が多く寄せられ、中国・北京在住の笈川幸司(日本語教師)、米川ルリ子(会社員)、丹羽麻衣子(アナウンサー)の三氏が分担して「本文」を朗読したMP3付の「**朗読MP3付・日本語教材【日本】**(上、下)」を発行。

◎「日本語教材【日本】」が出来るまで

「**新版・日本語教材【日本】**」の作成の時から、「原稿と写真」だけでなく、「ルビ付け」もパソコンで処理できるようになった。「送稿」の作業能率は格段にアップしたが、「ゲラ」の校正が一苦労。外研社から「全文」の「ＰＤＦ」をメールで送ってもらい、それをコピーして、直しを入れる。「細かい箇所の直し」が多いため、それを外研社に送信する作業が、かなり煩雑になった。改訂ごとに、新しいテーマを加え、本文を書き直し、新しいデータを加えた。

平成23年（２０１１年）３月11日に起きた東日本大震災と東京電力・福島第一原発事故で、日本を取り巻く政治・経済・社会の状況が大きく変わったため、既刊の「上・下」のテーマを厳選して「一冊」にまとめたのが「**最新版**」・「**日本語教材【日本】**」。さらに、平成24年（２０１２年）暮の総選挙後の政治の変化などを加えて、「**改訂版**」を出版した。

◇平成26年に、【新日本概況】（２５２頁）

平成24年～平成25年に出版し、約1万冊を無料送付した「最新版」＋「改訂版」・「日本語教材【日本】」の『一章「日本」の姿（50頁）』を全面書き換え、『二章～九章』は、「同じ頁内の範囲」で手直しして送信。出稿から約5カ月後、３回の校正を経て、平成26年9月、、**【新日本概況】**を出版。中国国内の約１２０大学などへ約1万1冊無料配布した。このうち、約2千冊は中国からタイなど、日本国内の留学生などのために日本へ、送ってもらった。

◎内容

◇「新版・日本語教材【日本】」

上巻（387頁）・「日本の姿」、「四季（上）」、「日本経済」、「文化」、「教育」、「文学」、「行動様式と生活習慣」、「日本語」、「新聞を読む（朝日新聞の社説）」「自然」など

下巻（460頁）・「日本の歴史」、「四季（下）」、「政治」、「経済」、「教育」、「『白書』で見る日本」、「社会保障・医療・福祉」、「文学」など

※ルビ付。◇曲 維教授（遼寧師範大学・大連市）の「注釈」、「質問」付

◇「日本語教材【新日本概況】」新日本概況（252頁）

一章「『日本』の姿」（政治の歩みと課題、日本経済の推移と現状、「『少子高齢』社会と福祉」、「教育の変遷と今」、「東日本大震災と原発事故」、「復旧から復興へ」」。

二章「国の形と仕組み（国土と人口、三権分立、日本国憲法、元号）」。

三章「歴史」。　**四章**「自然（四季＝季語と年中行事）」。

五章「伝統文化（芸術芸能、スポーツ）」。　**六章**「日本語」。

七章「文学（古典、近代の小説、俳句・詩・短歌、昔話）」。

八章「日本人の行動様式」。　**九章**「和食」。

※ルビ付。

二節＝感想・活用法など

（一）「日本語精読教材【日本】」

・**南開大学**（天津市）、**劉沂虹**さん

日本語精読教材【日本】」に初めて出合った時、内容を見ただけで、すごく興味が湧いてきました。今まで手にした教材と違って、時代感や新鮮さに溢れたものばかりで、読み始めると、置きたくなくなります。言葉の解説から風土、人情、民話から政治制度まで、ほかの本とは比べ物にならないほど内容が豊富です。日本に関するたくさんの瑞々しい知識の盛られた本を食べて、日本に関する栄養をもっとつけたいと思います。

・**烏魯木斉職業大学**（新疆ウイグル自治区）の三年生、**鐘響**さん

今使っている教科書は内容がとても古いです。先生が「日本語精読教材【日本】」をクラス全員33人に1冊ずつ渡しました。内容が豊富で、日本の政治や生活習慣や風俗や文学などが含まれています。日本を知る上で大変役立ちます。みんな、〝いい教科書だなぁ〟と思わず言いました。中国と日本は昔から一衣帯水の隣国ですが、中新疆ウイグル自治区は我が国の西北に位置し日本と一番遠い省区です。地図を見る度に新疆に住んでいる私は一衣帯水という言い方は正しくないと思いました。しかし、「日本語精読教材【日本】」を手にした時、この距離感が突然消えました。「日本語精読教材【日本】」が内陸の新疆と遠い日本の間に虹の架け橋をかけたようです。

（二）「大学用・日本語教材【日本】」（上・下）

・**河南師範大学**（河南省新郷市）、**劉潤徳**先生

中日両国人民の相互理解は言葉としては簡単ですが、実行は至難なことです。中日両国の間にまだ相互不理解と誤解がたくさんあります。

「大学用日本語教材【日本】」というテキストは、中国の若い世代の日本理解に大いに役立つと思います。日本の自然から歴史、政治、文学から和食のことまで、本当にいろいろなことについて、詳しく、そして、易しい文章で解説してあります。【日本】を初めて見た学生は、「一番新しい日本事情の本です」と大喜びです。まず、教師たちは【日本】を「日本概況」の教材として活用しようと相談しています。日本語の授業が豊かになると思います。心からお礼を申し上げます。

・**北京第二外国語学院**（北京市）、**秦明吾**先生

「大学用日本語教材【日本】（上）」を頂きまして、教師・学生ともに拝読・勉強させて頂いております。日本の歴史や文化、政治、経済、社会、教育などの面について、いろいろ知ることできるようになり、非常に喜んでおります。

また、【日本】の下巻を468冊もいただきまして、誠にありがたく思っております。上巻と下巻をあわせると、日本の全般を紹介していますので、日本語をよりよく勉強しながら、日本についての知識を広げるのには大いに役立つものだと皆申しております。

(三)「新版・日本語教材【日本】」(上・下)

・**黒龍江大学**（黒龍江省哈尔濱市）、**陳雨賢**先生

今教えている学生にも日本人国民に恨みを持っている学生がいます。それは歴史的な問題が主なのですが、日本国民を理解できないということもあります。大森先生ご夫妻の【日本】が、日本のことを分かりやすく紹介してくださったので、それを使って学生に紹介する自信も沸いてきます。20年、日本語教師をしていますが、一番大事なのは言葉の後ろにあるその国の文化・民族精神・歴史などを客観的に理解することだと思います。学生に日本語を通して広く日本についての教育と一緒に、社会人にも日本の国・社会・文化・歴史などについて理解してもらえるように、頑張っていきます。

・**厦門大学**（福建省厦門市）、**林娟娟**先生

２００５年にご寄贈いただいた「新版日本語教材【日本】」の１５０冊について、活用法をご報告致します。

①、日本語学部の教師全員に4冊ずつ渡しました。

②、優秀な学生に、コンテストなどの「賞」としてプレゼントしました。

③、残りは、研究室と資料室に配置しました。

前の「大学用・日本語教材【日本】」も、「日本事情」という科目の必読書として２０１２年から厦門大学の大学院入試の参考書となっております。

(四)「朗読MP3付・日本語教材【日本】」(上・下)

・**遼寧師範大学大学院**(遼寧省大連市)、**張園園**さん

大森先生ご夫妻は日本語を勉強する中国人のために力を尽くしてくれて、とても感動し　ました。大学生時代に、「新版【日本】」を学んだことがあります。日本の地理、政治、経済、文化や文学などが書いてあります。役に立ち、本当に面白い本だと思いました。私は既に4年間、日本語を勉強しましたが、発音とアクセントなどがまだよくないです。新しい【日本〈上〉】はMP3がついています。これから、私はMP3の朗読を聴きながら正しい日本語の発音も勉強したいと思います。

・**大理学院**(雲南省大理市)、**董雲建**先生

充実した内容と高度な文章に魅了され、とても勉強になっています。日本語だけではなく、日本の社会や文化などに関するものも、もっともっと勉強していかなければならないと実感しております。私にとって、この本は最高の参考資料で、大切に使わせていただきたいです。日本語を教えている者として、本当の日本をこちらの学生に伝えられるようにまず自分を磨いていきたいです。

寄贈して頂いた20冊については、日本語の先生に渡したり、日本と日本語に大変興味を持つ優秀な卒業生に1冊ずつ送ります。四冊ぐらいは今度の期末テストの成績を基に、よくできた学生に奨励品として使わせていただきます。そして、沢山の学生にも読んでもらえるように、残りの10冊は全部図書館に置きます。

（五）「最新版」＋「改訂版」・「日本語教材【日本】」

・安陽師範学院（河南省安陽市）、**韓福艶**さん

「日本語教材【日本】」は、日本語学習者にとって本当に素晴らしいし教材です。日本 についての知識が豊富になります。私たちが使っている教材は、10年も20年も前の日本の状況ばかりです。【日本】は、私を豊かな「日本語の世界」へ連れていってくれます。

日本語を学ぶ私たちにとって、日本の社会や文化などを理解することがとても大切です。【日本】は、今の日本の真の姿を知ることができ、日本の本当の姿を深く理解すること ができました。範囲が広くて、日本人の生活や歴史、文化など、内容はとても豊富で、面白いです。特に『四章・自然』で、季語や年中行事についての理解が深まりました。

・西安外国語大学（陝西省西安市）、**孫麗雲**さん

大学で日本語を勉強する前に考えていたこと、特に中等学校から学んだ「日本に対する漠然とした歴史的反感」、そうでありながらも先進国であり、多くの自由が保障される国という「漠然とした憧れ」のようなものが、「混沌」としていましたが、「日本語教材【日本】」を読んで、今は少しずつ「落ち着いて」いくような感じです。

私が何を誤解してきたのか、何故ほかの国ではない日本に特別な思いをもっていたのか、そして、将来は日本をどのように正しく見るべきか、を悟ったのが、最も大きな収穫です。

「日本語教材【日本】」に出合って、本当に幸運だと思います。

（六）「日本語教材【新日本概況】」

・**南京大学**（江蘇省南京市）、**李雨萍**さん

日本語は既に四年余り勉強してきた。日本という国に対するイメージは、「小さく、かつ不思議な色彩を帯びている島国」だった。自分が知っている日本は限られているものだとつくづく思う。外国語専門の学生にとって、自分の専攻言語を勉強する時、単に言語しか学ばないというわけにはいかない。どの国の言語を身に着けようとも、その国の社会・自然・歴史やその他様々な事柄を知ることが重要だからである。「日本語教材【新日本概況】」という本は、全面的に日本という国を理解するには、とても都合のいい本だと思う。日本人の手によって編纂されたものであり、驚くほど内容が豊かであり、詳細である。伝統的なものもあれば、時代性に富んでいるものもある。東日本大震災から日本の政治・経済・・国土・歴史・自然・伝統文化・言語・行動様式・和食など、いろいろなことが詳しく、かつ分かりやすく説明している。

文章も読みやすい上に、難しい単語には、ちゃんと振り仮名がつけられている。日本語の初心者にも日本を理解することができる優しい教材だ。「日本語教材【新日本概況】」を読むことにより、日本の真の姿を知ることができ、新しい日本を発見することもできる。とても楽しいです。

・**北京第二外国語学院**（北京市）、**黄倩榕**さん

「日本語教材【新日本概況】」を編集してくれましたお二人の精神に深く動かされました。日本に関することが大体理解できるようになりました。まるで「日本指南書」のように感じられます。チャンスがあったら日本に行きたいと思います。残念ながら、今でもなお、中日両国の間にまだいろいろな誤解がありま

ます。この本を通して、両国の人民がお互いに理解を深めることができます。これから私はしっかり日本語を勉強し、いろいろな知識を身につけ、口先だけでなく、自分の行動で、中日両国人民の末永い友好に寄与したい。

・**華東師範大学**（上海市）、**黄怡梅**さん

表紙に書いてあるように、「この一冊で日本が分かる」。「政治」や「歴史」はちょっと難しいが、「四章」の自然の部分は本当におもしろい。一つの項目に俳句やイラストがあり、楽しい。私は新しい俳句を習った。

・**天津財経大学**（天津市）、**熊　瑾**さん

学校で学んだ「日本」は文学や歴史などが多いですから、日本人の考え方と行動様式はなかなか理解できないです。「日本語教材【新日本概況】」が「現在の日本」と「日本人の心情」を紹介していただいたのが一番いいことと思います。大森さんご夫妻が、日本語を勉強している中国人の学生のために、「日本語教材【新日本概況】」を作成・寄贈したり、『日本語作文コンクール』を開催した活動を長い間続けてきたことに、「感想」より、「感謝の気持ち」がいっぱいです。本当にすばらしい本でした。

三章＝「デジタル版・日本語教材『【日本】という国』」をネットで世界へ無料公開

一節＝「デジタル版」の作成・公開と内容

「世界の日本語学習者」は、４００万人を上回っている、と言われている。独立行政法人・国際交流基金が平成27年（２０１５年）に行った調査では、１３７の国・地域で３６９万人が日本語を学んでいる。ほかに、日本にいる外国人留学生は既に30万人を超えている。

「世界の日本語学習者」は、一人一人が、日本にとって、各国の大切な〝民間大使〟だ。彼らに、「日本と日本人」について、広く知ってもらい、正しく理解してもらうことが、それぞれの国と日本の友好にとって極めて重要だ。日本語を学ぶ一人でも多くの外国の若者に〝日本のファン〟になってもらいたい、と私どもは、日本語交流活動を続けてきた。

いろいろな国の「留学生」との交流から始まった日本語交流活動は、中国の大学生重点に移ったが、それぞれの母国に帰った「留学生」が大学の日本語教師になった人たちが少なくない。

十数年前から、「日本に留学していた時に、大森先生ご夫妻から頂いた「改訂版・『日本語教材【日本】』」を使って授業をしています」、「自分の国でも、『日本語教材【日本】』を勉強することが出来たらいいと思います」、「学生に、日本語だけでなく、日本語の背後にある日本文化を勉強させたい」などのメールが、インドネシア、エジプト、台湾、リトアニアなどの大学で日本語を教えている元留学生から寄せられていた。

私どもが独自に作成し、各国の留学生、中国、タイ、インドネシア、韓国、台湾などの大学に無料配布した各版の『日本語教材』について。教師や学生から「内容が豊富で、文章が生き生きしています」、「日本語の授業が楽しくなりました」、「まるで、日本指南書です」、「日本の本当の姿を理解しました」など、たくさんの感想が寄せられた。平成28年（２０１６年）には、インドネシアの大学教師から「インドネシアの大学生も『日本語教材【日本】』を勉強できるようにしてください」というメールをもらった。

そこで、「日本語の世界」がどんどん広がっていることを実感し、最も新しい**【新日本概況】**（２５２頁）を書き直して、平成28年9月に、「世界の日本語学習者」が、《いつでも、誰でも、無料で、『日本語と日本事情』を勉強出来る》「**デジタル版・日本語教材『【日本】という国』**」を、インターネットで公開した。

さらに、これまで作成した各版の『日本語教材』は、「一部の漢字にルビ」を付けたが、これに対して、「**日本語の勉強を始めた学生には、ルビが少なくて、漢字が難しい**」、「**4年生や大学院生にはルビが少ない方がいい**」という両極の話があった。

そこで、「デジタル版・日本語教材『【日本】という国』」は、「同じ内容のもの」を、

一・**ほとんどの漢字にルビを付けた【初級者向け】**

二・**一部の難しい漢字にルビを付けた【上級者向け】**

三・「**上級者向け**」**を読み易くするための【電子書籍】**

の三つに分けて公開した。

◎デジタル版・日本語教材『【日本】という国』の目次

（初級者向け、上級者向け、電子書籍、いずれも238頁）

二節＝「世界の日本語学習者」の「感想・意見」

（「一部＝写真で見る」三節に、「9カ国・9人」を掲載）

・アゼルバイジャン＝イルヤソワ・ヒマハニム さん（社会人。女。23歳）

この教材がとても好きになりました。すべてがとてもよく書かれています。役に立つ本を読むのは面白いです。この教材を私に教えてくださってありがとうございます。嬉しくなりました>>。

・キルギス共和国＝クバトハ・ヌルザット さん（ナリン市子供教育センター職員）

無料で勉強できる教材を教えていただき、ありがとうございます。とてもうれしいです。これで勉強してみます。本当にありがとうございます。

・インド＝シュレヤ・デイウェ さん（プネ大学。女。20歳）

海外に住んでいる日本語の学生として、とても役に立つ日本語教材だと思います。教科書はもちろん大切ですが、このような教材があれば、日本語を楽しく勉強ができると思います。今日の日本社会や伝統文化などが日本に行って体験しない限りわからないと思いますが、この教材を読むとイメージができ、日本にいなくても日本のことがよく知ることができると思います。その上、「初級者向け」と「上級者向け」の教材があって、とてもわかりやすくて、どんな段階の学生も読むことが出来ると思います。うちの大学では、「デジタル版・日本語教材『【日本】という国』」のことを是非知らせます。

お二人は私のような日本語の学生の力になってくださっています。この教材はとっても役に立つことで、ぜひ私の友達にも知らせます。

・リトアニア＝マタス・シュカーヌリス さん（ヨナス・バサナビチュス高校。男。17歳）

『「日本」という国』を少し読んでみました。知らない言葉がたくさんありますから私にとってちょっと読みにくいです。でも情報が多いし、面白そうだし、ふりがなもありますので、新しい単語を勉強しながらよく読むかもしれません。この本を知って、とてもうれしいです。ありがとうございます。

・イギリス＝ローレンス・ミラー 君（リーズ大学大学院。男。25歳）

「デジタル版・日本語教材『【日本】という国』」を概ね読んだのですが、多くの専門語が説明されてあり、日本の勉強をする上で、包括的な参考書として大変有用だと思います。

しかし、日本語の難易度が割りと高いため、初級者にとっては難しいかもしれません。私にも難しいです。

・韓国＝イ・ジュヒョン 君（国立ハンバット大学日本語学科。男。21歳）

『【日本】という国』という本を読んだ感想です。「二章・三節」の「日本国憲法」は大変勉強になりました。それを読んで、「世界の日本語学習者」を対象にした【日本語作文コンクール】に応募しました。

まず教科書ではいない内容がありました。例えば日本の昔ばなしとか広辞苑の新語です。そして政治と少子化についてよく知る機会になりました。最後に最も記憶に残るのは早口言葉です。何度も挑戦してみましたが難しくて結局できませんでした。

・トルコ＝ヤーズ・アルプ・オクル 君（エルジェス大学。男。26歳）

『【日本】という国』の二章・「国」の形と仕組み、という部分を読みました。専門的な言葉が出てたので読むのはちょっと難しかった。しかし新しい言葉を見たから勉強になりました。

私は元々大学で地学を勉強したので「国の形と仕組み」という部分に興味がありました。日本で研究生として地学を勉強しようと思っています。この部分にある単語は地学や地理学に関するのでとても役に立つと思いました。「川幅」や「急流」や「水力発電」など色々な大事な言葉を知りました。それに日本の国土について色々なことも知りました。地学や地理学に興味がある人はこの部分を読んだら満足すると思います。

・インドネシア＝マリア・フロレッタ さん（ブラウィジャヤ大学日本文学専攻。女。21歳）

「www.nihonwosiru.jp」でどこでも、いつでも、日本についての情報を読むことができます。デジタル教材で、日本の文化、和食、日本人の行動様式、伝統文化などについてたくさん書いてあります。日本語を勉強しながら、日本のことも色々わかるようになります。

これで、外国人も楽しく日本語の勉強ができます。

日本語を勉強している外国人の皆様もぜひ「www.nihonwosiru.jp」をご利用ください。

・中国＝王 志博 君（宇都宮大学地域デザイン学部。男。25歳）

「国際交流研究所」のホームページから読んだ『【日本】という国』という本は、素晴らしい本だと思います、自分の感想を少し書きました。

日本語の学習はもう4年間になった私は、『【日本】という国』という本を読み終わり、大いに勉強になりました。第一章から第十章まで読んだ上で、日本人の生活習慣、風俗、国民性などをもっと知るようになり、日本文化をもっと好きになりました。日本文化の魅力はいっぱいあるが、美しい着物であれ、優雅な茶道であれ、美味しい日本料理であれ、全部日本文化の魅力の一部分だと思っています。その中に一つの共通点がある。それは、「繊細さ」です。この繊細さが、日本文化の特徴であり、私が日本文化で一番魅力的に感じるところです。

『【日本】という国』という本こそが、私を改めてその「繊細さ」を感じらせてくれました。

・チェコ＝ヤクブ・ヴェンツル（パラツキー大学。男。25歳）

日本について、知らないことはまだ山ほどあるので、頑張らなければいけませんね。

『【日本】という国』という教材は日本語の学習にとても役に立ちます。一生懸命、勉強します。

・ドイツ＝菊地奈緒美 先生（ドイツの日本語教師の会）

日本を様々な角度から知ることが出来る良い教材だと感じました。ドイツでも紹介したいと思います。

・カザフスタン＝バウベククズ・ジャンサヤ（カザフ国立大学・女・23歳）

「デジタル版・日本語教材『【日本】という国』」を読ませていただきました。概ね読んだのですが、多くの専門語が説明されてあり、日本の勉強をする上で、包括的な参考書として大変有用だと思います。しかし、日本語の難易度が割りと高いため、初級者にとっては難しいかもしれません。私にも難しいです。我々世界中の日本語学習者のために今回のような機会を作ってくださって心から感謝申し上げます。

・カンボジア＝鬼 一二三 先生

（「国際日本文化学園 一二三日本語教室」代表＝カンボジアで、21年間にわたって日本語教室を開設）

日本事情に年々疎くなっておりますので、お作り頂いた教材は私自身の勉強にもなります。日本事情を復習しつつ、是非、カンボジアの日本語学習者のための授業で活用させて頂き、日本への理解を深めてもらいたいと思っています。

・ベトナム＝ディン・ティ・トゥ・ホアイ さん（佐賀大学大学院。女。26歳）

デジタル版の『【日本】という国』を拝見して非常に勉強になりました。読んでみて、「なるほど」と思いながら、政治・歴史・文化等の様々な場面でまだ知らない日本のことがいっぱいあると気づきました。もちろん、知らない日本の言葉もありますので、日本語の学習にも役に立ちます。自分が思っていることを、皆さんに共有して、共感してもらえば、嬉しいです。

・東京在住の日本語教師＝山本省吾 先生

定年後日本語教師になり、東京とキルギス共和国のビシケクで日本語を教えてきました。大森様ご夫妻がお作りになられました「日本語教材『【日本】という国」は、日本語を学ぼうとする海外の人達に、日本語を学びながら「日本という国や人々のこと」を良く知ってもらうに、とても良い教科書だと思います。早速、ロシアのアストラハン国立大学の日本語科で教鞭を取っている友人に転送いたしました。

・スリランカ＝アエーシャー　ダルマシリ　さん（ケラニヤ大学。女。22歳）

実は、こういうサイトのようなものが日本語を勉強する学習者にとって宝物だと思う。なぜかというと、日本についてAからZまで全てあるからです。誰にでも無料で使えることも大事なことです。このサイトはとても重要なのでもっとpublicityがあったほうがいいと思う。私はこのサイトを私の友達にも送りました。日本の情報も知りましたし、夏目漱石、森鴎外や昔の文学のことも勉強しました。正しい日本語も身につくことができました。

・台湾＝張意均　君（同志社大学経済学部。男。21歳）

「デジタル教材」の一部だけですが、「少子化問題」について少し思ったことを書かせて頂きました。出生率が下がっている反面、平均初婚年齢は一方的に上がっている。このまま続くと人口は想像できないスピードで減っていく。今の状況では、たとえ3人以上の子どもが欲しくても、お金の問題であきらめてしまう。つまり、平均の給料が上がらないうちは、子供の数も増えないだろう。以上の理由と予測から言うと、私は経済からの影響が一番大きいと思う。改善しない限り、少子化はとまらないのではないだろうか。

・タイ＝運寿 純平 先生（ウボンラチャタニ大学日本語教師。男）

・政治経済から地理、伝統文化、文学、料理、日本人、日本語など、幅広く網羅されており、学生が興味を持ちそうな話題を選んで教えることができる。

・「日本事情」のテキストは、数が少なく、自分でトピックごとに検索して、資料を作っている教員が多いと聞く。「デジタル教材の『【日本】という国』」は、まさに日本事情に特化したテキストなので、教員の負担が減ると思う。

・私の大学に限って言えば、能力試験N２を取れている子がほとんどいないので、タイ語翻訳も併記しないと、学生たちは分からないと思う。

・私の勉強になった。もう10年以上、タイにいるので日本事情について疎くなっている。政治経済、教育問題、特に「東日本大震災」と「福島第一原発事故」の欄は、細かい数字（データ）が多く、知らないことばかりで大変驚いたし、勉強になった。

・第九章の「和食」の項で考えたことだが、説明分だけを読ませて、料理名を当てさせるなどの読解活動ができる。

・同じく第十章の「日本語のいろいろ」で取り上げられている「四字熟語」についても、「四字熟語」を見せて、意味を考えさせる活動もしてみたいと思った。

・『【日本】という国』を、タイ人の学生に、さらに分かりやすく伝えることができるような工夫も、これからしていきたいと考えております。

・ポーランド＝坂本龍太朗 先生（「ワルシャワ日本語学校」教頭。男）

「デジタル版・日本語教材『【日本】という国』」、リンクありがとうございます。

いくつかお聞きしたいのですが、こちらはどの年代、レベルの方を対象とされていますか？　それなりにレベルが高い日本語学習者でもフリガナがあったとしても専門用語が多いとなかなか読み進められません。そのため難しい言葉には別途、横や下に簡単な日本語での辞書的説明を加えたらより多くの人が読めると思います。フリガナも入れるなら全てに入れたほうがいいと思います。一度出てきたときフリガナがあったから読めたとしても、そこですぐにその漢字を覚えられるわけではないからです。最後に、例えば私の学生たちに読んでもらおうと考えた時、絵や写真があったほうがいいと思います。政治の話では総理大臣の写真、地震では地図など読むだけではなく視覚的な補助があるとより理解度が増すと思います。

・中国＝李暁燕 先生

（九州大学共創学部准教授）——中国・山東省青島大学卒、遼寧省大連外国語大学大学院修了。北陸先端科学技術大学院大学修了。博士（知識科学）。大連外国語大学助教・講師を経て2013年に助教として九州大学赴任。2018年から現職。九州大学大学院の地球社会科学府と比較社会文化研究院のＨＰに掲載の《「デジタル版・日本語教材『【日本】という国』」の紹介文》

◇この本がおもしろい◇
〝草の根〟の交流から『日本』を発信

日本語教材「デジタル版・日本語教材『【日本】という国』」をご紹介するにあたり、国際交流研究所の大森先生ご夫妻のこれまでの御活動について簡単にご紹介します。大森和夫先生は新聞記者時代、日本への批判や不満を持つ中国人留学生を目にされました。そして、その原因が日本人との交流不足や日本を理解できる教材の不足にあると考え、1989年に国際交流研究所を設立し、「非営利の個人の日本語交流」活動に尽力されてきました。

（中略）

特に「日本語教材」については、社会の出来事、歴史、文化、文学などを盛り込んだ日本語学習のための「季刊誌」や、独自の「日本語教材『【日本】』」を作成されました。

大森先生ご夫妻が独自に作成された教材については、実際に使用した中国の大学の先生方や学生さんから「内容が豊富で、文章が生き生きしています」、「日本語の授業が楽しくなりました」、「日本の本当の姿を理解しました」など多くの好意的な意見が寄せられています。そこで、中国以外の国の日本語学習者にも、広く

「日本語で日本を理解してもらいたい」との想いで、既存の独自教材に最新のデータを加えて、「デジタル版・日本語教材『【日本】という国』」が作成・公開されることとなりました。

「デジタル版・日本語教材『【日本】という国』」は、教材中の日本語の文章を読むことで「日本」について多くの分野の知識を身につけ、「日本」を理解することを目的としています。日本の政治・経済・歴史・伝統文化・文学・日本語・和食など、様々なテーマについて広く知ることが可能です。最新のデータに基づいた内容であり、２０１６年都知事選の結果、天皇陛下の「生前退位」の表明までカバーされています。

また、「一章五節」の「東日本大震災と福島第一原発事故」では当時の新聞記事がカラーで掲載されており、震災による被害の深刻さは勿論、日本人がどのようにこの震災を受け止めたかという点についても考えてもらうことができるでしょう。

「教材」は学習者のレベルに応じて「初級者向け（ＰＤＦ版のみ）」と「上級者向け（ＰＤＦ版と電子書籍版）」の選択ができます。また、教材はそれぞれ内容が独立したモジュール型の教材であるため、学習者のレベルや興味に合わせて章や節を選択して使用することもできるのではないかと思います。

日本語によって「日本と日本人」についての理解を深めたいという学習者に是非薦めたい教材です。（閲覧・ダウンロード：http://www.nihonwosiru.jp/）

四部＝『作文』を書いて、「日本」と「日本人」を理解してほしい！

・「23回」開催した『日本語作文コンクール』の内訳
・心に残る「日本語作文」37編（一部抜粋）

一章＝「留学生」→「中国の大学生」→「世界の日本語学習者」。『日本語作文コンクール』の経緯。

二章＝「作文」　37編

一節・「留学生」 —— 3編
二節・「中国の大学生、大学院生」（一部抜粋） —— 16編
三節・「世界の日本語学習者」 —— 18編

第1回・「世界の日本語学習者・日本語作文コンクール」の「第一次審査」（平成29年・東京都江東区）

一章＝「留学生」→「中国の大学生」→「世界の日本語学習者」。計23回の『日本語作文コンクール』の経緯。

一節・「留学生」の『日本語作文コンクール』

平成元年（1989年）に「季刊誌【日本】」の創刊と同時に、日本で勉強している各国の留学生を対象に『日本語作文コンクール』を実施した。

平成元年当時、外国からやって来た留学生約2万人、留学生約5万人が学んでいた。

国際化と国際交流という言葉が、良く使われるようになった。しかし、内容や行動が伴わないまま、言葉だけがひとり歩きしている気がしていた。

留学生たちは、どんな思いを抱いているのか、日本と日本人にどんな期待と不安を抱いているのか、それを知ることが、日本が国際化を進めていく上で出発点になると考え、各国の留学生の本音を知るために、『日本語作文コンクール』を開催した。

すべての留学生を対象にした、初めての『日本語作文コンクール』だったが、全国から525編の作文が送られてきた。作文の一つ一つが、あるものは「鋭く」、あるものは「穏やかに」、日本人に対する熱のこもった訴えだった。

夫婦ですべての作文を読んで「一次審査」を行い、当時の文部省学術国際局長の川村恒明氏ら6人に「二次審査」をお願いし、その採点で入賞者を決めた。以下は、二次審査員の感想の一部。

「『心のせまい日本人』、『無神経、無関心の日本人』、『無言の日本人』、『物心のアンバランス』といった厳しい日本人論、留学生対策の不備に対する指摘など、目を開かされる思いがしました。どうしてもこれだけは言っておきたいという留学生や就学生たちの懸命な気持ちが伝わって来ました。外から内へのこんな批判には、めったに出会えるものではありません」

（馬場博治氏。当時、大阪市教育委員）

「日本人論、日本文化論、体験による『タテマエ・ホンネ批判』は迫力がありました。日本人は『国際化時代』を、挨拶の枕ことばとして安易に使っているが、日本人の国際化を成熟させるためには相当の努力が必要だ。いや、少々の努力では日本と日本人の国際化を実現するのは不可能だろう、というのが、留学生や就学生の皆さんの作文を読んだ感想です」

（富沢義敬氏。当時、福岡市経済農林水産局長）

「日頃の思いが噴き出した訴えに、共感するところが多く、改めて、留学生や就学生の立場に立った、きめ細かな対応策の必要性を痛感させられました。作文で指摘されたいろいろな問題を考えることが、日本人に世界の中の日本という一層の自覚を促し、日本社会全体をより良い方向に動かしていく原動力になっていくことを期待します」

（松田陽子氏。当時、関西外国語大学講師）

二節・「中国の大学生」の『日本語作文コンクール』

◎中国の王健宜先生(南開大学)の提案

平成4年(1992年)12月から平成5年にかけて第1回の「中国の大学生『日本語作文コンクール』」を開催した。

そのきっかけを作ってくれたのは、南開大学(天津市)の王健宜先生だった。平成元年に発行した「季刊誌【日本』」を通して、交流していた青森大学に留学中の王健宜先生から、「中国で日本語を学習している学生の『日本語を書く力』を高めるために、日本語作文コンクールを実施してほしい」という要望を受けた。また平成4年春に、「季刊誌【日本】」が縁で中国大連を訪問した時、遼寧師範大学の曲維先生や東北財経大学の方愛郷先生から、「中国の日本語学習者に刺激を与え、励みになるような活動を」という要望があった。

さらに、中国の多くの学生と手紙などのやりとりで、中国の学生に、「国交正常化後二十年が経過した日中関係をどう見ているか、自国を侵略した日本との友好についてどう考えているか、〝中国人学生の心〟を日本語で正直に書いてもらって、それを、日本の人たちに伝えたい」という思いが募ってきた。

そこで、王健宜先生が帰国された平成4年に二度、南開大学を訪問して、『日本語作文コンクール』を開催する方法について、話し合った。そして、『第一回』は、日中国交正常化から二十年が経過した平成4年暮れ、「21世紀の中国と日本の役割」をテーマに、中国全土の大学を対象にした初めての『日本語作文コンクール』〈1600字以内〉を開催した。

◎南開大学で「第1回」の表彰式。持参した賞品が北京空港で……

「第1回」は、38大学から合計「約450編」の応募があり、各大学が独自に行った「予備審査」で選ばれた「計120編」を南開大学に送ってもらいました。

それを、厳安生先生（北京外国語学院教授）ら中国側の5人の審査員が審査して「50編」を選んで、日本・国際交流研究所に郵送してもらった。それを、水谷修氏〈国立国語研究所所長〉ら日本側5人による「最終審査」で一等賞・1人、二等賞・5人、三等賞・10人、激励賞・15人の計、31人〈12大学〉の入賞者を決めた。

「第1回」の表彰式は平成5年4月、南開大学で行い、「一等賞」の高媛さん（吉林大学）と「二等賞」の張抒紅さん（西安外国語学院）ら5人の計6人を招待した。

初めての試みで苦労もあった。賞品は「一等賞」が「ワープロ」で、「二等賞」以下は「カメラ」や「ヘッドホンステレオ」。二人でそれらを手荷物で持って行った。ところが、北京空港の税関の荷物検査でストップがかかり、中国語が話せないので右往左往するばかり。困り果てていたところ、出口付近で迎えに来て頂いた王健宜先生を見つけ、手を振って、その場に来てもらった。事情を説明してもらったが、「第1回・中国の大学生、院生『日本語作文コンクール』」の「賞品」であることを証明する天津市役所の文書がなければダメ、とのこと。翌日に「表彰式」を控え、時間的に間に合わないので、結局、すべての「賞品」の「関税」を払って一件落着。北京空港についてから約4時間後にやっと天津へ向うことができた。

「第二回」からは、「賞品」を「日本招待」、「日本語書籍」、「奨学金」に替えた。

◎表彰式後の懇親会と翌日の観光

「第1回」の表彰式は平成5年4月24日、南開大学で行ったが、夜の懇親会と翌日の天津市内観光などで、中国の学生同士が「日本語交流」を楽しむ光景を直接目にして感動した。学生たちが、日本語学習に取り組む前向きな姿勢と、日本への熱い想いを感じ取ることができ、その後の「交流活動」に勇気が湧いてきた。

懇親会の席で、一等賞の高媛さん（吉林大学）から「大学に入って初めて『あいうえお』を勉強しました」という話を聞いて、改めて驚いた。「日本語の勉強法」を聞いてみると、高媛さんは「小さい頃から歌を歌うのが大好きなので、日本語の歌を活用しました。歌詞には奥深い表現が多く盛り込まれているので、歌を口ずさんでいるうちに語彙を増やし、ヒヤリングと表現力を養うことができます」と話してくれた

「第2回」の表彰式は、平成6年5月、「第1回」と同じ南開大学で行った。参加した学生は22人。夜の懇親会で、あちこちで飛び交う日本語の会話を耳にして、「日本語」が中国の学生に愛されていることに、改めて大きな感動を覚えた。雲南大学（雲南省昆明市）の鄧洪麗さん（三等賞）が「列車を乗り継いで天津に来るのに40数時間かかりました。初めて、ほかの大学で日本語を勉強している学生と交流できるのが、とても嬉しいです」と元気に自己紹介してくれたのが印象的だった。カラオケ大会では、学生や審査員が次々とマイクを持ち、「北国の春」、「四季の歌」、「上を向いて歩こう」など日本の歌を競って歌った。

中国の大学生・院生を対象に、計16回の『日本語作文コンクール』を開催したが、それぞれの表彰式の後の「懇親会」は毎回、日中の明るい未来を象徴するかのように、楽しい交流の場になった。学生は口々に、「中国の各地に日本語を勉強している友達ができました」、「もっと日本語を勉強しなければならないと感じました」と話していた。

平成19年（２００７年10月）、上海外国語大学で行った「第2回、中国の大学院生『日本語作文・スピーチ・討論コンテスト』」で三等賞になった**葉雲飛**君（四川大学大学院）は、懇親会で「四川省成都市から上海まで列車で38時間かかりましたが、とても有意義なコンテストでした。作文やスピーチを競う場ではなく、共に日本語を学ぶ仲間と日本語で交流する素晴らしい機会を与えて頂きました」と喜びを語ってくれた。

表彰式翌日の観光も、入賞した学生に喜ばれた。例えば、平成8年の「第4回」、平成9年の「第5回」、平成10年の「第6回」、平成14年の「第10回」、平成18年の「第13回」、平成24年の「第15回、平成26年の「第16回」の最終審査と表彰式は、北京大学や在中国日本国大使館などいずれも北京市内で行ったが、毎回、半数以上の学生が「北京は初めて」で、「北京まで30数時間かかりました」という学生が何人もいた。また、約3分の2の学生が「万里の長城を直接見たのは初めてです」と話していた。

中国という国の広さを改めて実感し、各地で日本語を学ぶ若者と交流ができて、一緒に観光を楽しむことができた。そして、「作文募集」から「表彰式」まで、1年がかりの『日本語作文コンクール』を締めくくる楽しい思い出となった。

◎中国の学生の「作文」の四つの傾向

〔一〕「経済大国への憧れ」

平成4年（1992年）の「第1回」から作文は、経済大国・日本への憧れが強く表れた。「戦争中、日本軍によって負傷した祖父は、私が日本語を勉強していることを激しく怒った。しかし、私は、日本語を勉強して、自分自身の目で日本を見、日本人と付き合いたい」という鄭安泰君（西北大学。「第4回」）の作文のように、「反日感情」は極端に表面化せず、憧れの日本からいろいろなことを学びたい、日本へ行きたい、という願望が強かった。

これは、平成4年に天皇が訪中され、「過去の戦争」に言及され、「我が国が中国国民に対し多大の苦難を与えた不幸な一時期」と語ったことが、日本への怒りや不信感を和らげた。

〔二〕「戸惑いながらの日本語学習」

次の数年間は、日本の閣僚の靖国参拝や、教科書問題、元従軍慰安婦問題などで「歴史認識」がアジア諸国で外交問題になる中で、「日本への批判や不満」がこみ上げて、大学で日本語を勉強することに戸惑いを感じた学生が多かった。

しかし、「私は子供の頃、祖父母の話や歴史書から日本人を恨むという種を植え付けられた。日本人は人を殺しても何とも思わない、血も涙もない人間だと思っていた。大学を志願する時、私は仕方なく日本語学科に入った。しかし、日本語を勉強して、今は、日本語は私の生活の中に欠かせないものになった」という陳曦さん（西安外国語学院。「第7回」）のように、「日本への恨み・憤り」より「日本語学習への意欲」を強調した作文が目立った。

〔三〕「反日感情」の高まり

中国の大学生の「反日感情」がピークに達したのは、当時の小泉首相が毎年、靖国神社に参拝した平成13年8月から平成18年8月までの時期。

平成13年10月に南京農業大学で行った「第9回」の最終審査の作文で、**陶金**さん（遼寧師範大学）は「小泉首相が靖国神社を参拝したことを聞いたら、涙が出るほど悲しんだ」と訴えた。さらに、平成16年の「第12回」で**袁俊英**さん（河南大学）が「私たちは日本政府の中日友好の態度に疑問を持っている。小泉純一郎首相がしょっちゅう靖国神社へ参拝するという事実は中国の国民の心を深く傷つけ、中国の国民の心に暗い影を投げかけている。頑固で右翼的な姿勢は中日友好の大きな妨げになっていると思う」と書くなど、小泉首相（当時）の靖国神社参拝を受けた中国学生の「反日感情」が多くの作文に表れた。

〔四〕「未来志向」へ

そして、平成18年10月、胡錦濤・中国国家主席と訪中した当時の安倍晋三首相との首脳会談で「戦略的互恵関係」の構築で合意し、「首相の靖国神社参拝」で冷え込んだ両国関係は一時、改善された。中国経済が徐々に発展を遂げたこともあって、この頃から、「未来志向」の日中関係を期待する作文が目立った。しかし、平成4年～平成5年の「第1回」で、「一等賞」の高媛さん（吉林大学）が「21世紀の中国と日本が仲の良い兄弟姉妹のように以心伝心で交流できるようになれば、、」、と期待を込めた日中関係には、程遠い。

三節・「世界の日本語学習者」の『日本語作文コンクール』

◎「デジタル版・日本語教材【『日本』という国】」が契機

「世界で日本語を勉強している人たち」を対象に、初めての『日本語作文コンクール』を実施しようと思い立ったのは、平成28年（２０１６年）10月だ。その一カ月前、《世界の日本語学習者」が、いつでも、誰でも、無料で、『日本語と日本事情』を勉強出来る》「**デジタル版・日本語教材**【『**日本**』**という国**】」を、インターネットで公開した。「これまでの日本」も、「今の日本」も分かる教材、を目指した。幸い、「**デジタル版・日本語教材**」への反響が大きく、「世界の日本語学習者」の日本語と日本への関心の高さを知った。（『写真で見る＝「世界の日本語学習者」と歩んだ30年』など参照）。

そこで、「世界で日本語を勉強している若者」が、「日本」という国や「日本人」をどう見ているのか、どんな思いで「日本語学習」と闘っているのか、を知りたいと思った。

「世界の日本語学習者」は、４００万人を上回っている、と言われている。独立行政法人・国際交流基金が平成27年に行った調査では、１３７の国・地域で３６９万人が日本語を学んでいる。この数字は、「日本語を教えている教育機関」の調査であり、テレビ・ラジオ・インターネットなどを利用して、独学で日本語を勉強している人は含まれていない。ほかに、日本にいる外国人留学生は既に30万人を超えている。「日本語の世界」はどんどん広がっている。

そこで、「日本語を勉強している外国人」なら誰でも参加できる『日本語作文コンクール』の実施を決めた。国際交流基金、外務省、文部科学省、朝日新聞社の「後援（名義のみ）」を取り付ける手続きを進めながら、夫婦で「賞品」を決め、「応募要項」を作成した。

◎「第1回」(54の国・地域から5141編)と「審査」

平成28年暮れにかけて、「応募要項」(テーマ＝『日本』は、どんな国だと思いますか?)を、各国の大学(日本語学科)や日本語教師会・日本語教育関係者、国内の大学(留学生課など)、国内の日本語学校などへ、「応募要項」をメールで送ったり、郵送したりした。すべて、夫婦の手作業で行った。

そして、国際交流基金のサイトで、初めての『世界の日本語作文コンクール』を告知してもらったり、各国の大学等で日本語を教えている多くの日本人の先生方の協力を得て、予想を超える「54の国・地域から5141編」の作文がメールで、一部郵送で、国際交流研究所に送られてきた。

「一次審査」は、私どもが行い、「出来るだけ多くの国・様々な学習環境・幅広い年代」から「いろいろなテーマを取り上げた作文」を選ぶように心掛けた。

「上位入賞候補・87編」について、川村恒明(元文化庁長官)、桑山皓子(日本語教師)、高媛(駒澤大学准教授)、谷川栄子(小笠原流礼法名古屋教室世話人)、野村彰男(元国連広報センター所長)、村島章恵(NHKディレクター)の6人に、「二次審査」をお願いし、二次審査員の採点の合計点を基準に、最終的な「順位」を決定した。

審査の過程で、「入賞候補者」全員(大学単位で応募の場合は、担当教師)にメールを出し、特に、「本人が書いた作文」であることの確認と、「教師や日本人の友人がどこまで手を入れたか」などの問い合わせを行い、合わせて、「顔写真」の送付(メールの添付)の依頼をした。

◎多彩な「入賞者」の国籍と「入賞作文」の内容

「審査」の詳しい様子は『「平成の30年間の活動」を振り返って」を参照。

「第1回」で苦労したのは、応募の約4分の3が「個人の応募」であるため、その整理・集計や内容・データの「問い合わせ」に時間を要したことだ。「入賞候補作文」について、「正しい日本語を書いてもらうために」、「正確を期すために」、私どもが「てにをは」を直したり、内容の確認を行ったが、そのための「メールのやりとり」に時間が掛かった。

しかし、世界の日本語学習者が綴った「5千編を超える日本語作文」のすべてに目を通して、海外の日本語熱の高まりと、「日本語の世界」の広がりを実感した。そして、日本人として、「日本再発見！」を改めて痛感することができた。彼・彼女らの「日本語作文」の一編一編に、多くの国・地域で「日本語」を学ぶ若者一人一人の「日本への熱い想い」が込められていた。

入賞者は、39カ国・地域の101人。入賞者の国籍も作文の内容も多彩。

入賞者101の内訳は、「海外の大学生―55人、留学生―24人、海外の社会人・高校生・小学生・日本語学校生―22人」だ。「出来るだけ多くの国・地域」から「幅広いテーマについて書いた作文」を選んだ。

「一等賞」の3人は、

・「海外の大学生」はインド・プネ大学のシュレヤ・デイウェさん

（「自信をくれた『日本』は私の宝」）。

・「留学生」は宇都宮大学大学院の王志博君

（「『一平方メートル』のトイレは気配り精神の日本の縮図」）

・「社会人」は「ベトナムのドン・フン・タオさん」
（「世界一正直な国」）。

入賞候補作文は、特に、「日本人の思いやり」、「心遣い」、「気くばり」やアニメについての作文が多く、その中から「できるだけ重複しないように」審査した。かなり優秀な作文でも、同じテーマの作文を複数、選ぶことを避けたため、入賞から外した作文も少なくない。

日本の伝統的な修復技法である「金継ぎ（きんつぎ）」について書いた作文が4編あったのに、感動した。オーストラリアのメリッサ・パークさん（女。ニューサウスウェールズ大学）の『金継ぎ（きんつぎ）』の国」が「二等賞」に、ルーマニアのマリア・カメリア・ニッツァさん（女。バベシュ・ボリアル大学）の『金継ぎ』の芸術」が「努力賞」に選ばれた。

・「二等賞」＝ウクライナのヴォロシナ・タチヤーナさん（社会人）
（「胸を打たれた『空港の光景』」）

・「三等賞」＝アメリカのジェンセン・ロー君（プリンストン大学）
（「四国・八十八ケ所巡り」）

・「努力賞」＝カザフスタンバウベククズ・ジャンサヤさん（カザフ国立大学）
（「見習いたい『時間を守る』国」）

などの作文が興味深かった。

入賞者からは、「素晴らしいコンクールに参加させて頂き、とても励みになりました」（チェコの大学のヤクブ・ヴェンツル君）、「来年も応募します」（ウルグアイの大学生・クリスティアン・グティエレス君）などのメールが届いた。

◇タイ・ウボンラチャタニ大学日本語教師・運寿純平先生

「今回は学生の作文に対する効果的な動機づけにもなりました。このような素晴らしい、夢のようなコンクールを開催していただき、本当に感謝しております」。そして、学生の一人の『入賞』を伝えると、「彼にとって絶対一生涯忘れない、とてつもない自信になると思います。その自信構築に協力できた我々教員もとてつもない力をいただきました。そして、この途方もない数の作文に、愛情を持って目を通された大森さんご夫妻には、陳腐なことばですが、ただ、ただ、ただ、ただ、ただ、感謝です」。

◎【第2回】

平成30年に「第2回」（テーマ＝「日本」あるいは「日本人」に言いたいこと）を実施。

応募総数は、「第1回」より「10カ国。1652編」多い「62カ国・地域から6793編だった。ミャンマー、パキスタン、レバノン、フィンランド、ポルトガル、エチオピア、モロッコ、アルジェリア、タンザニア、マダガスカルの10カ国から、初めて、応募があり、「第1回」応募があったベラルーシ、スロバキアからの応募はなかった。

◇私どもは、平成元年の「留学生・『日本語作文コンクール』」を皮切りに、計23回の『日本語作文コンクール』」を主催したが、審査等は毎回ほぼ同じ要領・手順で行った。

◆計23回の『日本語作文コンクール』の応募状況、審査方法、表彰式、入賞者などは、一部『写真で見る』・二章参照。

二章＝「日本語作文」37編（一部抜粋）＝敬称略

一節・「留学生」（平成元年の「第1回」の入賞作文から）――3編

◇フランス＝ノエスモエン・イザベル（立教大学。女）

自国の多様性・各国との共通性に目を向けて

三年ほど前のことです。私はある日本人の先生から、「あるラジオ番組が捕鯨についての外国人の意見を聞きたがっているので、何か話してくれませんか」と言われました。私は、捕鯨についてあまり大しないので、断ろうかとも考えました。しかし、先生から「別に強い反対意見でなくてもいいから」と強く勧められ、呼び集めた三人の友人たちといっしょにインタビューに応じることにした。

しかし、数日後にその番組を聞いた時、私は驚きと怒りを禁じえませんでした。私たち四人のうち、捕鯨反対の意見を述べたのは一人だったのに、他の三人の意見が正しく紹介されず、まるで全員が反対意見であるかのように伝えられた。そして、その番組の結論は、「やっぱり外国人には、日本人のことはわからない」というようにまとめられていしました。

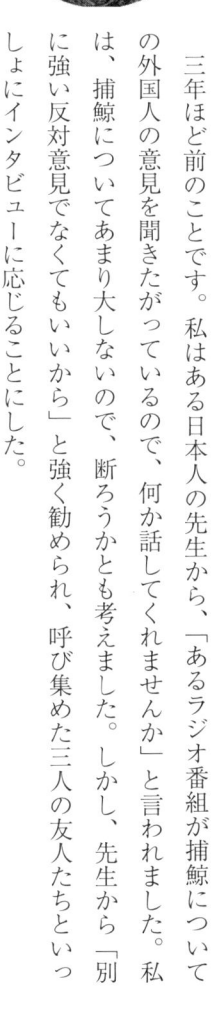

もちろん、このようなことは極端な例かもしれません。しかし私は、いろいろ考えさせられました。特に考えたのは、日本の「国際化」とか、「国際人の養成」ということが叫ばれています。しかし、実際の生活のなかでは、その「国際化」に逆行しているとしか思えないことにしばしば出会います。日本人は外国人と比べて自分たちの違いをあまりに強調しすぎる、と思います。もちろん日本にはいろいろな特殊な側面もあります。たとえ外国から採り入れたことでも、日本独特の特色を備えるようになったものもあります。柳田国男の研究をとおして、日本にある様々な習慣や風習を見てきた私には、よくわかるつもりです。

しかし、そうした日本独自の文化・伝統の豊かさを尊重することと、その独自性だけを一面的に強調することとは別だと思うのです。ラジオ番組の例にみられるように、日本人は自分たちの独自性・特殊性に対して意識過剰のように思われます。そして、「外国人に日本人のことがわかるはずがない」と思い込んでいるようです。私にはむしろ、日本の独自性ばかり強調しがちな人たちが本当に日本のことを正しく理解しているのかどうか、疑問に思われます。ステレオタイプ化された「日本らしさ」をイメージしているだけのような気がします。また、しばしば強調される日本人の一体性＝同質性ということにも疑問を感じます。日本の各地を訪ねてみた私の経験からも、各地方の歴史はかなり多様だし個性的だと感じます。

このように考えると結局、多くの日本人は日本をよく知らないと言わざるを得ないのです。ソクラテスの「汝自身を知れ」という言葉を思い出します。日本の独自性だけでなく外国との共通性にも目を向け、他方で、日本の中の多様性にも正しく目を向けることによって、自国の理解がもっと深まるに違いありません。そうすれば、外国人とのコミュニケーションももっとスムーズになり、相互理解も広がると思います。そして、それこそが真の「国際化」につながると私は確信します。このような認識が多くの人々に広まることを期待します。

◇インドネシア＝ハニイ・ウイジャヤ（北海道大学。女）

「ニンニク」風のおつき合いを

ニンニクはおすきですか？「あんまり」「臭くて……」という方がおおいでしょう。でもニンニクは世界何十カ国の、何千何百というお料理をおいしくしているもとですし、またさまざまな薬効も持っています。そう、近頃ブームの機能性食品の一つで、昔からいろいろと日本へきて四年が過ぎましたが、本当の友人と呼べる人は、指で数えられるほどしかいません。どうしてでしょう？お会いした方々はどなたも皆、優しく親切で気楽でした。それなのに、本当に親しくなれる人がこんなに少ないなんて、他の留学生からもよく、同じような話を耳にします。

日本の皆さんは、私たち外国人をとても大事にして下さいます。大変嬉しいのですが、逆に言うと「お客」としてしか見てもらえないさびしさを感じます。とても礼儀正しく丁寧に接してくれますが、ありのままの自分はなかなか見せてもらえません。だからいつまでたっても、通りいっぺんのおつきあいで終わってしまう。残念なことです。

それから、日本人の優しい心の中には、常に相手の気持ちを思いやる気持ちがあるようです。自分は少しがまんをしても相手が喜んでくれればそれが一番、という考え方です。これはもちろんとても良いこと、すてきなことで、私も出来れば見習いたいものです。ところがこの思いが強すぎて、相手の気持ちを傷つけるかもしれないと心配するあまり、必要以上に神経を使ったり、余計な気をまわしたり、すっかり疲れてしまうのは当然です。やがて会うこと自体がわずらわしくなっても、何の不思議もありません。できれば、会うことを避けたくなるでしょう。すると今度は、避けていることが相手にわかってしまうのでは、と心配になったりして、こんなことなら、いっそ他人のままでいる方がましですよね。

相手によく思われたいという気持ちは自然ですし、相手の心を傷つけないようにする心使いは大切ですが、くたびれてしまっては何にもならないし、本当の友情を求めるなら、それだけでは済まないでしょう。人と人とが付き合うのですから、傷つけたり傷つけられたりするのは、やむを得ないと思います。ある程度傷つけられたりしながら、お互いの本当の気持ちを理解しあい、認め合ってゆくものではないでしょうか。

正直で率直で気楽な付き合い。個人どうしの交流はそこから生まれ、それが国と国との交流のための確かな懸け橋になってゆくのだと思います。

ニンニクは傷をつけなければたいして臭いません。でもそれではお料理には役立たない。傷をつけると、あの強烈な臭いが出てくるけれど、料理の味をグンと引き立て、健康をも増進してくれます。傷をつけると「臭いけどおいしくなる」ニンニク。だは、「トラブルもあるけど仲良くなれる」ニンニク風のおつきあいはいかがでしょう。

◇韓国＝蘆　光基（サンシャイン外語学校。男）

「でも、恨んではいない」

彼と初めて会ったのは私が日本へ来て四カ月目の時だった。その日はよすぎるほどのいい天気だったのに——。いつも元気で笑顔を絶やさず、誰にも好感を持たれそうな彼の姿は今もはっきりと私の記憶に残っている。

彼との初対面の時「日本にはどんな目的で来ましたか」という私の質問に、彼は「勉強がしたいから」ときっぱりと答えた。その答えだぜ、国へ帰らなければならないのか、梅雨の天気は一層二人を沈うつな気分にさせた。彼を見送らなければならない現実。現代の物質文明は誰のために生まれたのだろう。彼を帰らせたのは何だろう。

「お金」。人間が生活するためには必要不可欠のものだと思うが、それによって自分さえ捨てなければならないということを現実として味わわなければならなかった。

彼が日本へ来たのは一年前だった。彼は韓国で数々の苦労とつらい生活のなかで、将来もっと人間らしい生活がしたいと、アルバイトしながら大学を卒業し、日本まで来た。日本へ来ても働きながら勉強したそうだ。一日4時間くらいの睡眠で生活するのはたいへんつらいことだったと思う。家から学校まで1時間くらいかかる。彼にはその時間さえ無駄にすることが許されなかった。

その後、彼は大学院を受験し、合格の知らせに私たちは喜び合った。でも、その喜びもつかの間、彼がビザ延長のため書類をもって入管に行くと入管の側では以前の学校の出席証明書などを要求した。彼の出席率はよくなかった。その結果、「大学院へ入学してもあなたは前の学校の出席率がよくないので」と、ビザ延長を拒否し今回限りというスタンプをおしたのだ。日本へ来て社会と人間の冷たさを味わい、涙を見せた彼は何を思っただろう。

勉強がしたくて日本に来たのに——とつぶやいている彼を見て私も涙を浮かべてしまった。彼の罪は何だろう。人をいじめたこともないし、わるいこともしなかったのに、なぜ、どうして帰らなければならないのか。将来の夢を持って、希望を持って、一生懸命がんばったのに——。生活のために、そして勉強のために働かざるを得なかった彼の立場を思いやる心のゆとりを日本人に期待するのは無理なのだろうか。

雨が降っていた別れの日、涙を浮かべながら「自分なりの勝手な考えのせいだから恨んではいない」という彼に私は何も言えなかった。

日本へ来ている留学生たちの目的はそれぞれ違う。入館の方は彼らの目的を正しく判断してほしい。もし足りない場合、目的が果たせるように指導したり援助してくれないものだろうか。

二節・「中国の大学生、大学院生」（一部抜粋）――16編

◎《平成4年（1992年）の「第1回」》の一等賞

高　媛（吉林省長春市。吉林大学）
＝現在・駒澤大学グローバル・メディア・スタディーズ学部教授

◇21世紀の「中国と日本」が仲の良い兄弟姉妹のように

僕はユウユウだ。東京の上野動物園に住むパンダの家族の一員だ。最近、ある新聞社のインタビューを受けた。「21世紀に向けて、日中友好のシンボルとして、何か一言」と。「21世紀になっても、我が家族がシンボルになり続けるのか」と僕は丸い目を一層丸くした。

僕はシンボルになるということがとても幸せだ。毎日熱気むんむんの見物人を相手にしたり、エアコン付きの部屋で寝転んだり出来るような上野動物園の生活のおかげで、僕はずいぶんふとってきた。それでも、僕には悩むことがある。この「友好のシンボル」というのは一体何だろう。僕たちはただ大自然の中で人間と同じように生きている一動物にすぎない。「友好のシンボル」と見なされているのは本当に恐縮千万。僕たちの社会では、友好とか、親善とかはみんな口で言い合うものではない。友好しようという気持ちさえあれば、口に出さなくても、表情や行動などで心を伝えることが出来る。その点が人間とは違うのだね。

先日、退屈しのぎに雑誌をめくっていたら、ある記事が目に入った。それは日本に滞在している中国人の多くが、日本の社会で区別され、敬遠されていることをこぼした内容の記事だった。それを読んで、僕は思わず

涙ぐみ、我が家族が中日友好のシンボルになって早くも20年の歳月が経った今、中日友好の道がまだまだ遠いものだと初めてつくづく感じさせられた。

「友好のシンボルとは一体何だろう?」。僕たちのような表面だけにとどまるシンボルはどうしても必要なのだろうか。結局、シンボルが必要なのは人間だ。その人間同士の間はまだ他人であり、心と心は溶け合わず、人間としてのふれあいがまだ足りない、とある哲学者が言っている。僕の意見と一致しているようだね。僕がもし人間だったら、きっとすぐれた哲学者になるだろう。そして、きっとシンボルのかわりに、有識者の一人として中日友好のためにいろいろと具体的な貢献が尽くせるだろう。

中国といい、日本といい、21世紀に直面すべき共同の課題は一つ。それは国際社会が進んでいく中で、人間性がだんだん薄らいで来ることにどうやって対応できるかということだ。僕の答えは立派なものではないが、人間性というのは、国境や民族などを越える人間の基本的な感情だから、人間性を豊かにするには真の理解や文化の交流などいわゆる「草の根の交流」がどうしても必要なのだ。「ほんの一滴の水でも偉大な太陽の光を反射することが出来る」と、よく人間の口から聞かされるが、文通とか、ホームステイとか、作文コンクール、論文募集など、小さな工夫、小さな努力でありながら、お互いに本音で話し合えることに何と大きな役割を果たしているだろう。（中略）これからも中日両国はお互いに偏見や誤解をきれいに捨てて、もっと包容し合い、理解し合い、手を携えて、一緒に人間性豊かな21世紀を目指すように頑張っていったらと僕は心から願っている。

人間の口調をえらそうに真似て、僕はインタビューを終わった。エアコン付きの部屋に戻った途端、僕は何だかホームシックに襲われたような気がした。21世紀の中国と日本が仲の良い兄弟姉妹のように以心伝心で交流できるようになれば、もうシンボルというようなものも要らないことになるだろう。僕もその時ひさしぶりに四川省の山に帰って、思いきりコロコロ転がったり、楽しい夢を見たり、静かな老後生活が送れるだろう。楽しみだ！

以下、「第２回」（平成６年）以降の入賞作文（一部）の抜粋

「第２回」（平成３年）　陳　紅（雲南省昆明市。雲南大学。女）

私が日本語の専攻だと言うと、よく「なぜ、わざわざ日本語を選んだのか」と聞かれる。初めのうち、私は「自分で選んだのではない、日本語のほうで私を選んだのだ」などと答えていた。

私はあの戦争のせいで、日本及び日本人に深い偏見を持っていた。日本人はみな悪くて、嫌われて当然だと思った。そして、大学入試で、日本と縁があったのか、私は日本語を専攻することになった。一年たって、クラス全体の日本語が上達し、私も日本語が分かるようになり、日本人に対する偏見を改めるようになった。日本の若者の中にも中国に対して偏見を持っている人が少なくない。青年同士の交流を通して、互いの偏見や誤解をきれいに捨てて、さらに理解を深め二千年あまりの友好の歴史を持つ中日関係がもっと深くなるよう期待している。

「第３回」（平成４年）　張子春（山東省青島市。青島大学）

無差別に原爆で数多くの一般市民を虐殺したことは許せない犯罪だったが、原爆の原点をさぐると、日本国

民の被った被害は、戦争の苦痛を私のいる中国および東南アジア諸国の人々に押しつけたことと切っても切れない関係がある。日本もアジア各国も同じ戦争被害者とも言えるが、日本が戦争被害を受けたのは、他国に被害を与えた直接的結果で、それゆえ、二つの原因は本質的な区別があると思う。

原子爆弾の恐ろしさを日本国民にも、より多くの外国人にも知らせる必要が絶対にあると思う。しかし、かつて加害者としてやったことや、被害者と加害者とのつながりについても、深く認識してほしい

「第4回」（平成8年）　鄭安泰（陝西省西安市。西北大学）

『日本人は怖い』。小さい時、抗日戦争を描いた映画をよく見た私の日本人の印象だった。映画の中に登場する日本兵は、何かと言えば、『バカヤロー』と怒鳴り、中国人を殴る。戦争中、日本軍によって負傷した祖父は私が日本語を勉強していることを聞いて、激しく怒った。

無料で日本語っを教えてもらっている隣村の王先生はこのことを知って、祖父にこう言って説得してくれた。「お気持ちは十分分かります。私が日本語を教えるのは若い人達に日本語学習を通して、今日の日本と日本人を理解してもらい、戦争によって生まれた悪い影響をなくし、未来に向けてお互いに仲良く生活していくという夢を実現するためなんです」。この時、私は心の中で「日本語をしっかり勉強して、自分自身の目で日本を見、日本人と付き合い、いつの日か必ず先生の夢を実現しよう」と決心した。

「第5回」（平成9年）　王　暁（北京市。北京第二外国語学院大学院）

中国では、「教師」を「ろうそく」になぞらえている。「ろうそく」は、「自分を燃やして他人に光明を与えている」からだ。今、わが国の中学、高校で日本語を教えている教師たちは困難に満ちている。参考書も皆無に近いし、新しい資料も手に入らない。日本へ行くチャンスなどは勿論ない。

私は大学院に入るまで二年間、中学、高校向けの教科書編纂の仕事をしていた時、東北地方の農村の中学校へ見学に行った。傷んだ校舎の教室で生徒たちは一生懸命日本語を勉強していた。「なぜ日本語を勉強していますか」と質問したら、「中日友好のために」という答えが返ってきた。

日本語担当の女の先生は、生まれ故郷に戻って、日本語教師として教鞭をとることにしたという。私たちが北京から持って行った国際交流研究所から贈って頂いた「季刊誌【日本】」を渡した時、その若い女の先生は目を潤ませて喜んでくれた。資金不足で、その学校の図書館には日本に関する本も、文法書もない。『日本』のような日本を知る上で大変役に立つ小冊子をもらったのは本当にありがたいことだったのだ。私は堪えきれないほどの感動を覚えた。彼女のような情熱的な教師がいてこそ初めて、わが国の中等教育における日本語教育もいろいろな困難を乗り越えて発展できるのだ。

「第6回」（平成10年）　李錦成（遼寧省大連市。遼寧師範大学）

私の日本に対する考えも、日本人の先生、中国の日本語の先生、それから多くの知らない日本人のおかげで変わったのである。私の祖父も日本軍に殺されたので、もし日本語を勉強しなかったら、もし、日中友好のためにこんなに力を捧げている人たちがいなかったら、私は一生、日本を恨んで、日本を正しく理解できなかったかもしれない。

中日友好を深めるため、日本と中国の国民に客観的で、正確な情報を紹介すべきである。両国は悪い面をできるだけ避けて、いい面を見ることも大事だ。正確な宣伝と教育が一番大事だと思う。

「第7回」(平成11年)　郜　楓(陝西省西安市。西安外国語学院)

先日、久しぶりに中学生時代の友達に道端で会った。「今、何を勉強してる?」と聞かれて、「日本語だよ」と答えたら、すぐ眉をしかめて、「へぇ、日本語か、失礼ですが、実は僕、日本人があんまり好きじゃないよ」と何か怒りそうな口調で言われた。なぜ、中日戦争から何十年も経ったのに、恨みを持っている中国人がまだ多いのか?

実は、私にとっても、日本語を選ぶ前、日本人に対するイメージは普通の中国人と違いがなかった。しかし、日本語の勉強を通して、また、日本人と交流して、日本人は、すでに「ばかやろう」だけを言ういわゆる「鬼子」ではなくなった、と分かってきた。しかし、十二億の中国人の中に私のような日本語を勉強したり、日本人と付き合ったりすることができる人はほんの一部分かもしれない。だから、日本語を勉強している中国の学生は、日本語で日本人との交流を広げることが必要なのだ。

「第8回」(平成12年)　劉愛君　(遼寧省大連市。遼寧師範大学大学院)

中日両国の人々の友好に限らず、世界の国々の人間と人間の相互理解を深める上で決定的に重要なことは、「相手の身になって考える」という心です。まず必要なのは「相手のことを知る」ことであり、その第一歩は、人と人との交流です。私は日本人の先生と接触し、日本に短期滞在した経験もあります。その一つ一つの場面から受けた感銘はいつまでも私の心に焼き付いて離れません。その時々の熱い気持ちを思い出すたびに心がいっぱいになり、中日友好のためにもっと頑張らなければ、という励みにもなります。このような草の根の交流、共に生き、共に喜んだり哀しんだりする人間的触れ合いこそ「相手のことを知る」、「相手の身になって考える」前提です。

そして、不可欠なのは教育です。さまざまな食い違いを少なくするために、「相手の身」になって、お互いの国の歴史、文化、心情、価値観、風俗習慣などを両国の人々、特に若者に対して正しく伝える必要があります。何年、何十年、何世紀かかろうとも、人づくりの教育が心の相互理解につながります。平和友好の種を一人でも多くの人の心に蒔くことができたら中日友好の輝かしい未来がアジアと世界に平和の花を咲かせることでしょう。

「第9回」（平成13年）　袁　勇（北京市。北京外国語大学）

僕の生まれた町は、日本に対する抵抗が根強く残っている南京である。幼い頃、日本へのイメージは年寄りから聞いたものばかりであった。日本人は人殺しをゲームのようにし、数え切れないほどの人々の命を奪った鬼である。日本人を絶対許せないと、それまで憎み続けてた僕は、しかい、実際に日本人とつき会うようになってから、変わりつつあった。

同じく戦争の被害者である両国国民にとって、戦争は共通の敵であるはずだ。偏狭なナショナリズムから脱出して、共通の課題として考えていくべきである。それが未来に対して責任を持つことであろう。国境や民族の枠を越えて、いかにして信頼関係を築き、戦争を根絶し、恒久的平和を作るかという課題に取り組んでいかなければならない。これこそ、私たちの未来における責任である。

「第10回」（平成14年）　陶　金（遼寧省大連市。遼寧師範大学）

日本語専攻の学生としての私は、中日両国の過去の不愉快な歴史や日本政府の歴史に対する曖昧な態度などについて、心を痛めたこともあります。でも、中日両国民が過去の戦争から受けた傷、現在の相互理解や深い交流への切望、将来への世界平和と中日友好の願いなど、同じです。過去の不愉快な歴史があるからこそ、今日の平和と友好を大切にすることができ、自信を持って、中日両国の素晴らしい明日を迎えられるという確信を持ちました。中日両国の暗い過去を乗り越えて、真の相互理解と平和友好の明日を迎えられるかどうかは、今日の我々若者の努力にかかっています。

「第11回」（平成15年）　趙　嵐（北京市。北京第二外国語学院大学院）

長い戦争を凌ぎ切って、力強い発展を遂げ、生活に多少ゆとりを持てるようになった中　国人は「平和」という二文字の重さを人一倍知っている。また、不幸な時代があったにせよ、戦後、目覚しいスピードで経済の巨人として世界の表舞台に復興した日本に、多くを学ぶべきだという認識も中国人には強い。私はこのような中国人の意識を土台として五年前、日本語専攻のスタートを切った。中日両国の人々が素直にお互いに心を打ち明け合えば、どんな壁でも、言葉の壁でも、心の壁でもきっと取り壊すことができると信じている。中日両国の人々が皆、私たちの周りにある人々の感動、信頼、友情を感じ取れば、互いに信頼を寄せ、手を組んで、友好の愛の輪を広げることが出来る。

「第12回」（平成16年）　袁俊英（河南省開封市。河南大学）

日本語を勉強する前は、私も日本に不満ばかり持っていた。中日戦争についてのドラマから、日本軍人の残忍さが酷く心に残ったし、日本の首相が靖国神社へよく参拝することや歴史教科書問題などで日本人の頑固さに怒った。しかし、日本は戦後驚く程の速さで発展した。私はこのことに強く興味を持ち、更に日本を知りたいと思うようになり、日本語を専門に選んだ。日本語の勉強を始めてから、日本の文化や歴史、習慣など少しずつ触れるにつれて、日本や日本人に対する見方が次第に変わってきた。日本人留学生の友達から日本人の親切さや親しみを直接感じることができた。これからは、日本語を勉強すると同時に、私の周りの人に自分の経験したことを、微力ながら、伝えていこうと思う。

「第13回」（平成18年）　劉素桂（江蘇省南京市。南京大学大学院）

私はもう八年間日本語を勉強している。私はだんだん日本の独特な文化に心を引かれて、すぐれた日本文学にも耽っている。日本人の留学生や会社員、日本人の先生にもいつも教わる。約束時間を守ることや、まじめな生活態度などは印象深い。しかし、私は日本が好きだとは言えない。いくら日本と日本人に親しみたくても、なかなか親しむことができない。中日の友好に役立つように頑張っても、中日関係がよくない時、無力感を味わう。両国の関係がなぜよくならないのか。今でも、中日戦争の歴史と現実の歴史認識を知っている私は日本民族が好きになれない。これが私の悩みだ。

「第14回」（平成19年）　李　婷（遼寧省大連市。大連海事大学大学院）

私自身も、もし日本語を学ばなかったら、また多くの日本の方々との交流がなかったら、日本の良さと日本人の友情を深く理解することなど到底出来なかったでしょう。それぞれ自分の身の回りで、日本人と中国人との触れ合いの場を沢山作り、交流の輪を少しずつ大きくしていくことです。初めは小さな一つ一つの輪に過ぎませんが、やがてそれが繋がり、だんだんと大きい輪に成長していけば、両国関係を新た友好関係へ発展すると思います。

「第15回」（平成24年）　黄　茹（広東省広州市。中山大学）

中日の「絆」を深めるカギは、両国民の一人ひとりの自主的な民間交流だと思う。知ることは愛することの始まりだ。相手国の人と近くで交流して初めて相手国の文化に興味を覚え、好意を持ち、相手国のことをもっと知りたいと思うようになる。

両国民の一人ひとりが心から相手国を認めれば、政府が「中日友好」を唱えなくても、中日の「絆」は着実に深まっていくと信じている。民間交流を通して、日中両国が、現実面も、感情の面でも、互いに掛替えのない存在となることを心から祈っている。

「第16回」（平成26年）　韓福艶（河南省安陽市。安陽師範学院）

（「日本語教材【新日本概況】」の感想文コンテスト）

私たちが使っている教材は、ほとんど十年も二十年も前の日本の状況ばかりです。日本語を学ぶ私たちにとって、日本の社会や文化などを理解することがとても大切です。「日本語教材【新日本概況】」は、私を豊かな「日本語の世界」へ連れていってくれます。今の日本の真の姿を知ることができ、日本の本当の姿を深く理解することができました。【新日本概況】は、日本語は私に新たな人生を与えてくれました。私は翻訳が好きになり、特に国際ニュースの翻役を好んで勉強っています。大学院に入って、専門的な翻訳の先生の下で専門的な翻訳をしっかり便強したい気持ちが強くなりました。私の翻訳で、日本の情報を多くの人々に伝えたいです。

日本との情報交流者として国と国、人と人との絆を深めることができれば、幸せです。翻訳という道は難しいとは思いますが、夢を忘れず、精一杯頑張っていこうと思っています。

日本という国と日本の文化を深く理解できる【新日本概況】を読んで、頑張っています。

…………………………

計16回主催した「中国の大学生『日本語作文コンクール』」では、高媛さん（吉林省長春市の吉林大学）が「第1回」と「第2回」、陶金さん（中国・大連市の遼寧師範大学）が「第9回」と「第10回」、それぞれ2回、「一等賞」に選ばれた。

☆高媛さんは『観光の政治学――戦前・戦後における日本人の「満洲」観光』で東京大学より博士号を取得。現在、日本・駒澤大学教授として「メディア文化論」、「異文化間コミュニケーション論」などを教えている。

☆陶金さんは『池田大作文明間対話思想研究』で博士号を取得し、現在、中国・大連海事大学准教授。

三節・「世界の日本語学習者」――18編

「第1回」（平成28年～平成29年）

テーマ＝《「日本」はどんな国だと思いますか？》――5編

応募総数＝54カ国・地域から5141編。

◇自信をくれた私の宝「日本」

シュレヤ　デイウェ（インド。プネ大学・20歳）

大学生になって専攻を選ぶ時、私は英文学を選びました。そして、「英語のほかの外国語も、何かをやってみたい」と思い、「第二外国語」で日本語を選びました。「何で日本語？　字も読めないし、文法も硬いし、漢字がいっぱい」と思いながら、緊張して日本語のクラスへ行きました。でも、日本語の勉強が楽しくて、日本語が好きになりました。

その時、日本について知っていたのは、まだ「東京」だけでした。

ある日、私は日本人の友達の家に招待され。友達は日本のことをいろいろ教えてくれました。そして、日本とインドが似ていることに気付きました。

仏教やお守りのこと、神話学など。そして、インドの「サラスヴァティ」という神様と日本の「弁財天」は同じだそうです。その上に、尊敬語と謙譲語の使い方も似ています。「どこかで日本人とインド人はつながっている」と思いました。

友達は日本の写真をたくさん見せてくれました。富士山、花火、着物、花見の写真。おかげでインドにいても「日本」が感じられました。その時、初めて「日本は東京だけではない」とわかりました。それからは、日本の歌ばかり聞いたり、日本のドラマだけ見たりするのは私の日常になりました。

そして、日本の文学を読んだらとても驚きました。「百人一首」のおかげです。

「田子の浦に　うち出でて見れば　白たへの　富士の高嶺に　雪はふりつつ」

山部赤人が作った短歌を読んで、富士山の写真が目に浮かんで来ました。嬉しくて嬉しくてたまらくなり、とても感動しました。「日本が大好き」という気持ちになりました。

「日本」と何の関係もなかった私は、いつの間にか「日本だけの関係がある人」になりました。遠くはなれていても、日本人の友達は私の力です。

「日本」と「日本語」は私に自信をくれたのです。

日本へ行ったことは一度もありません。ですから、私の日本は、まだ想像の中の国です。

満開の桜、東京の高いビルから見える富士山を想像しています。

日本の「ビギン」の感動的な曲「島人の宝（しまんちゅぬたから）」が大好きです。

「教科書に書いてあることだけじゃわからない大切な物がきっとここにあるはずさ」

私にとって、これからも、「日本」は私の宝で、日本人の友達は私の宝物です。

◇「1平方メートル」のトイレは日本の縮図

王 志博（中国。留学生。宇都宮大学大学院・25歳）

トイレは、どこの国にもあり、小さな子どもからお年寄りまでが一日に何度も利用する場所です。そんなトイレを「汚い」、あるいは「臭い」と思う人はたくさんいるでしょう。しかし、私が2年前に初めて日本に来た時、私の中の「トイレ」という概念を大きく覆したのです。

日本のどこのトイレもキレイで、機能にも優れ、とても感銘を受けたことを覚えています。日本人の清潔好きのため、どこのトイレもキレイに保たれています。それだけでなく、便座が温かく、ウォシュレットが付いており、トイレ用品が豊富で、日本の技術力が発揮されています。トイレは、単なる排泄する場　所だけでなく、休憩や更衣室の役割もあります。特に女性はトイレで身だしなみを整えたり、赤ちゃん用のベッドが設置してあるそうです。トイレの社会的役割も大きいです。日本のトイレの個室はせいぜい1平方メートルですが、日本人の細かなところへの配慮が目に見えます。

大学の日本語の授業で、日本では小学生の頃から学校で「掃除の時間」があると知り、中国出身の私は大変驚きました。もし中国で同じことがあったら、「自分の大事な子どもに汚いトイレ掃除をさせるなんて無理だ！」、「掃除は掃除のおばさんのすることじゃないか？」と怒り出す人がたくさんいるでしょう。私も初めはそう思いました。しかし、学校教育の大切な一環ではないかと考えるようになりました。小さな頃から身の周りをきれいにする習慣があると、物を大切に使う心が育まれ、気持ちよく生活することができます。トイレを掃除する側と利用する側の双方の気配りによってトイレがキレイに保たれているのです。

日本に来て初めて「トイレ文化」という言葉を耳にしました。日本人の気配り精神が「トイレ文化」を生み、支えているのです。この「1平方メートルのトイレ」こそ、キレイな日本、便利な日本、洗練された日本の縮図であり、「37万7千平方メートル」の日本の姿が見えてくると思います。

「日本のトイレは世界一」と言われています。そして、日本の代表的な文化の一つになりました。日本へ旅行に来て爆買ばかりしている中国人観光客が日本のキレイなトイレを見て、中国での生活を見直してもらいたいものです。

◇「世界一正直な国」

ドン・フン・タオ（ベトナム。社会人・27歳）

私は、広島の日本語学校と福井県立大学の六年間の留学体験を通じて断言できるのは、日本は「世界一正直な国」ということだ。

警視庁遺失物センターの調査によれば、２０１６年に東京都内で警察に落とし物として届けられた現金は約36億7千万円に達し、そのうちの7割以上が持ち主に返されたそうだ。日本人の多くが、拾ったお金をネコババせずに警察に届けていることは、多くの外国人にとっては驚くべきことだ。海外でも、日本人の正直さが称賛された。

私は小さい頃、家の近くで財布を拾ったことがある。従兄弟はそれを持ち主に返すことに反対したが、頑固な私に負けて、ようやく返すことができた。私は持ち主の笑顔を見ることが出来て、とても嬉しかったのだが、それを家族に報告すると、〝なんでお金を返したの？〟と、半ば馬鹿にしたように私を笑った。その時戸惑った私が、大人になってだんだんと気づいてきたのは、貧しい国での信頼関係というのは、何より価値のある、ということだ。落とし物が戻ってこなかったり、盗まれたりすることも珍しくないため、いつの間にか、人間同士の信頼が失われていく。

そんな他人への不信感に困惑していた私は、日本に来て衝撃を受けた。

ある日、下宿の駐輪場に戻った私は、自転車のカゴの中の小さい袋に気付いた。袋を空けてみると2千円とメモが入っていて、そこにはこう書かれてあった。「ごめんなさい。自転車をぶつけてカゴを壊してしまいました。少ないですが受け取ってください」。確かに、よく見るとプラスチック製のカゴが少し欠けていたが、黙っていればわからないくらいだった。母国はあり得ない奇跡が起きていた。相手がいない所でも、ちゃんと責任を取るという日本人の行動は、私に大きな感動と感激を与えてくれた。そのことがきっかけとなり、私は「人間の信頼関係」について真剣に考えるようになった。

今までは、人間が正直でないのは貧しさのせいだと思い込んでいた。本当にそうだろうか。あの東日本大震災によって、私の思い込みが大きく覆された。地震発生直後、米国メディアが日本人の「精神的な回復力」を絶賛していた。災害時の「物資の略奪」などは、東日本大震災ではほとんど見られなかった。それこそが、日本人の誠実さなのだろう。

私は、「正直な心」を持つ日本人の素晴らしさを、ベトナム人に知ってもらうために努力したい。近い将来、母国に、正直な人達がいっぱいになることを願っている。

◇「金継ぎ（きんつぎ）」の国

メリッサ・パーク（オーストラリア。ニューサウスウェールズ大学・18歳）

　私は中学の頃から、ずっと学校で日本語の授業を受けてきた。授業を通じて日本の文化、価値観、伝統などを勉強する機会が多かった。今まで学んだことは様々であり、貴重でもあり、今でも日本の独特さに魅了されずにはいられない。

　そして、今思うのは、「日本」は間違いなく個性的な国である。

「日本という国」が、私の目にどう映ったのか。

　いろいろなことを勉強した後、自国のオーストラリアと日本との違いを知ることができた。そして、世界への視野を広げることができた。

　特に、私の注意を引いたのは、日本人の物の考え方、つまり「精神」のことである。

　私は、「金継ぎ（きんつぎ）」という言葉を聞いて、とても興味深かった。

「金継ぎ」とは、壊れた器を修理するために、日本で生み出された「技」である。ある食器が壊れてしまっても、それを捨てずに「漆」を使って直し、最後に「金粉」を「漆」の上からさらに塗るというものである。

　初めて「金継ぎ」のことを聞いたとき、深く考えさせられた。

「金継ぎ」は、日本人の精神を表している、と思う。

　食器のひび割れは、「人生における困難、落ち込み、挫折」を象徴する。

　しかし、食器を捨てない「金継ぎ」のように、苦難に遭っても、諦めないで頑張り続ければ、以前より強い自分になれる。「金継ぎ」は、そのような精神を表しているのだ、と思う。

例えば、2011年に起こった東日本大震災の後、東北地方だけではなく、「復興」という目標に向けて全国が一丸となって頑張っていた。

それを見て、日本人は、協力と団結心という一体感を大切にする人々だということが分かった。

日本の魅力は。物質的な文化に限らない。

目には見えない日本人の精神の根底には、「金継ぎ」のように、日本独特の強い精神があると思う。それが、私が日本に深い興味を持っている理由の一つかもしれない。

◇独特の「色鮮やかな国」

ブクタ・ユスティナ（ハンガリー。カーロリ　ガーシュパール大学大学院・24歳）

3歳の時、両親と日本へ行き、13歳まで日本にいた。それから、もう10年以上が経った。今も日本語を勉強し、大学院で日本文化を研究している私にとって、日本は独特の要素を持った「色鮮やかな国」だ。
当時、東京では、音や色など沢山の刺激に圧倒され、目にするもの何もかもが息を飲むくらい新しかったのを覚えている。街中の建物や道路などは綺麗に洗練され、24時間開いてるコンビニやたくさん並ぶお店には欲しいものが揃っていた。電車は時間ぴったりに到着し、たくさんの人を乗せていく。そうした風景に日本人は皆どこか急いでいる印象があった。

そんな近代的なイメージ溢れた日本だったが、昔から伝わる伝統や美の心を忘れていなかった。また、日本では四季の移り変わりを味わうことができるが、移り変わっていくものに対して日本人は儚さを感じる。春には桜の美しさに浸り、梅雨が明ければ猛暑に入る。秋には木々が美しい赤に染まり、冬には炬燵の中で暖まる。ほかの国では味わえないような日本の調和感が、私はとても好きになった。

日本ではたくさんの親しい友達に恵まれた。長い月日が経った今でも連絡を取り合っているが、日本人の丁寧さ、相手を思いやる心、他人への配慮の気持ちや謙虚な振る舞いは、とても印象に残るものだった。感謝も謝罪も「お辞儀」で表現し、頼みごとがある時はいつも「宜しくお願いします」と礼儀正しく付け加える。「謙遜」という言葉も日本独特で、ヨーロッパの人々にはなかなか理解しずらい。

今では、海外でも残業しながら仕事を頑張っている日本人の姿をよく見るが。やはり流石だなと思う。日本人は勤勉で真面目だと言われているが、まさにその通りだ。やり始めたことは責任を持って最後までやり遂げる頑張り屋だ。

日本人と一緒にいて、もう一つ気づいたことがある。それは、日本人が説明事を好まないことだ。「一を聞けば十を知る」とあるように、たった一言だけで分かり合えるのが日本文化だ。でも、それもまた、日本の魅力の一つだと思う。海外には、そういった文化はあまり存在しない。こういった日本独特の要素があるからこそ、日本は日本なんだ、と思う。

「日本」という国で得た経験はかけがえのない宝物だ。一言でまとめるのは難しいが、私にとって、「日本」は綺麗で優しい国、そして「今」と「昔」が混ざった「色鮮やかな国」だ。

「第2回」（平成30年）

テーマ＝《「日本」あるいは「日本人」に言いたいこと》――13編

応募総数＝62カ国・地域から6793編。

◇「多文化共生」のキーワードは「好奇心」

ニコール・フェッラリオ（イタリア。カ・フォスカリ大学大学院。23歳）

私は、ただ好奇心から日本語の勉強を始めて九年経ちました。母国での勉強と、合わせて9カ月間の日本への短期留学（立命館大学、中京大学）で学んだ経験から、言いたいことがあります。

日本の人は、もっと異なる文化を背景に持つ人々とコミュニケーションしてください！

留学していた時、日本人の大学生に「イタリア人の母語は英語ですか？」と聞かれたことがあります。その時、「日本はまさに島国ですね」と思いました。私はイタリア人ですが、「ヨーロッパ人」と呼んだほうがいいでしょう。ヨーロッパの国の間にはもう国境がないようです。自由に移動できたり、ユーロをどこでも使えたりするのです。たしかに日本の国境は海ですが、現代では自分の国境を越えて、「地球市民」になる時期になったのではないでしょうか。

最近、外国人観光客や外国人労働者が増えている日本。カタカナ語がますます多くなっている日本。「多文化共生」のスローガンを掲げている日本。それなのに、自分の文化と考え方から離れられない日本人が多いと思います。自分の文化を守ったり、伝えたりするのは、大事なことですが、今の時代は他の国の人とコミュニケーションしたり、他の国から取り入れる心が大切です。

「多文化共生」のキーワードは「好奇心」だと思います。

日本語には、イタリア語で翻訳できない素敵な挨拶言葉があることを知って、びっくりしました。自己紹介した時や、仕事を始める時、依頼する時に使う「よろしくお願いします」と、仕事が終わった時に使う「お疲れさまでした」は代表的な例です。他人との関係をスムーズにする表現です。その言葉を、日本で使った時、そのグループのメンバーであることを実感しました。

留学している時、「柚子風呂に　妻をりて音　小止みなし」という俳句を勉強しました。

俳句の意味は難しかったのですが、先生に聞いて、私は「びっくり」しました。

日本では、冬至の時期に、柚子湯の習慣があることを知りました。「五・七・五」の短い詩から異なる文化が学べるなんて！　素晴らしいです。俳句は、日本文化と密接につながっています。

日本人も、他国の文化に「好奇心」を持ってください。ステレオタイプではなく、外国人とコミュニケーションして、新しいことを学んでください。交わってください。そして、「多文化共生」を実現してください。日本と日本語が好きな一人の外国人として、そう願っています。

◇「自己主張力」を備えた〝勇者〟を

アイエドゥン エマヌエル（ベナン共和国。大阪府立大学大学院・留学生。27歳）

私はアフリカの西側にあるベナン共和国に生まれ育ちました。まだまだ発展途上の母国を背負っていけるような人材になりたい、という強い思いを抱き、高校卒業後、日本に留学しました。国にいたときの自分は、いつもわがままで、どんなときでも、まず先に自分のことばかりを考えていました。しかし、どんなときでも、「相手のことを考える日本人」が、そんな私を変えてくれました。

私は日本語の〝お疲れ様〟という言葉が日本らしく、大好きです。

〝お疲れ様〟というのはあなたのことを見ていて、どのぐらい頑張ったかを分かっていますよ、という意味だと思います。それは他の言語には珍しく、「日本人が相手を大事に思う気持ちをはっきり表している」と思います。人に迷惑かけないように自己管理し、相手を傷付けないように婉曲的な表現を使うなど、日本では「和」を重んじるために、一歩下がって周囲に合わせることが常識とされています。

しかし、自己の意見や考えや欲求などを、遠慮せずはっきりと他人に伝えることも大切です。

私は「不思議な一人の日本人」と知り合いました。私の同級生の赤井くんの最初の印象は「男前で、とても静かな人」です。その赤井くんが、授業のグループワークの発表で、大きな声で誰よりも積極的に質問したり、論理的に論争したり、議論の発展に貢献したとき、私はとても衝撃的でした。

日本では社会のほとんどの分野で個人の精神力、決断力、想像力の必要性よりも、むしろ周りに協調し、依存することが求められるように感じます。しかし、社会はこれからもますますグローバル化し、国際競争も厳しくなります。多様化した社会では、優秀な伝統を受け継ぐことも大切ですが、多様な価値観も必要です。特に今の日本は、赤井くんのように、個人の精神力、決断力、自己主張力を備えた〝勇者〟を必要としているのではないかと思います。

そのためには、世界に出て、違う国の文化やマナーに興味を持ち、交流の機会を増やすことだと思います。「異なる存在、異なる声」を恐れるのでなく、むしろ力に変えていけるような社会造りに取り組む必要があると思います。そうすることによって、新しいタイプの〝勇者〟が生まれ、これまで以上に、日本から国際社会に通用する優秀な人材が育つのではないでしょうか。

◇「なぜ」や「どうして？」を失った「迷子」たち

ヘレン・リー（オーストラリア。ニューサウスウェルズ大学。18歳）

今年の七月、「次世代リーダーシッププログラム」が私の大学で行われ、日本の中学校から約60人の生徒が訪問し、私はボランティアの一人として、彼らと夢や将来したいことについて会話する任務を与えられた。

私は「皆さんの夢は何ですか」と生徒たちに聞いた。しかし、答えは「沈黙」だった。夢という言葉は抽象的すぎると思い、もっと具体的な質問をした。「皆さんは将来何になりたいですか」。彼らの中で私の質問をはっきりと返事できたのはただ一人の男の子だった。日本の次世代を担う生徒たちは、ほとんど空白の目で私を見ていた。私は彼らの目を通して、夢の輝きが見えなくて、将来に対する期待も持てなかった。悲しくて、私はもう一度聞いてみたが、「人の役に立てる仕事」など教科書的な答えしか出てこなかった。彼らはまるで「迷子」のように、自分のアイデンティティと行き先すら分かっていない。決められた道を歩んでいるのだろうか。

日本は「学歴社会」と言われ、日本人の人生進路は生まれた時に決められている、という。子供は学校に行き、精一杯勉強し、大学に入り、そして社会に出る。それでも、「迷子」が増えているのは実に皮肉である。

この現象を起こしたのは、学歴社会の基礎にある偏差値教育ではないだろうか。偏差値を上げるには試験で多くの正解を得るため、暗記力を中心する学力が必要なため、生徒は必死に授業の内容を暗記し、試験の後はまた全部忘れる。彼らは機械のようにこのプロセスを卒業するまで何度も繰り返しているのでは？

この状況が長く続けば、人は「なぜ」や「どうして？」などを聞く能力と批判する力を失い、自分は一体何を求めているか分からないまま大人になる。結局、学力が優れていても個性、想像力、または人間性に欠ける人が増えているのではないだろうか。そして、挫折に遭ったり、決められた道を急に見失ったりすれば、混乱してしまい、道に迷ってしまう。生きる意味さえなくしてしまうかもしれない。日本の自殺率が高い原因の一つになっているのではないだろうか。

私たちが生きているこの世界は、夢と無数の可能性が含まれており、カラフルだ。盲目的に指定された進路に従うだけでは、人間は空っぽになってしまう。そのため、私たちは、日常生活に意味を探し、自分の努力は一体何のためになるのか、をはっきり把握するべきです。この世に「迷子」の数が少なくなるよう、願っています。

◇「魚」のために、世界の海をきれいにしてください！

アンナ・ムロチェック（ポーランド。小学校６年。ワルシャワ日本語学校。11歳）

日本のみなさま、私は「日本の魚」になりたいです。日本の海で泳いで住みたいです。私は「魚」が大好きで、興味を持って、いろいろ勉強しています。魚の骨格や生息についても調べました。２０１６年に、東京テレビの『世界！ニッポン行きたい人応援団』に招待されて、新潟県小千谷市で錦鯉を実際に見たりして、とても楽しい体験をしました。

人が知らない魚もたくさんいるかもしれません。潜水艦で潜らないと見ることができないような魚もいます。魚は進化の過程で脊椎動物になりました。人間も脊椎動物です。魚と人には共通するところがあります。医学などの科学が進歩し、潜水艦が使えるようになり、それに伴って魚の研究も進歩し、色々な方法が使われるようになりました。魚の進化などを研究することは、人間を知ることにもつながります。

人間と魚が共生することが大事だと思います。私達と同じように魚も生きていますから病気になります。問題は、私達人間が海を汚したりして魚を病気にしてしまうことです。つまり、人間の進歩は魚にとって後退かもしれません。人間の進歩は魚に取っていいことだけではなくて害にもなるということです。

人間は遺伝子を変更することを学びました。大量の金魚は遺伝子の組み換えなどで新しく生み出されました。まるで病気になったかのような姿をした魚もいます。変更された遺伝子はその子孫に伝わります。通常ではない遺伝子を持つ魚は毎日苦しんでいると思います。魚の免疫力を改善する程度ならまだしも、それ以上に人間が見た目などのために遺伝子を組み替えることはよくないと思います。

科学の進歩によって魚を苦しめるのではなくて、魚がのびのび暮らせるような海を提供してあげたいと思います。ポーランドにあるバルト海はあまりきれいな海ではありません。

一方、日本の海はとても豊かです。日本の海の汚染予防システムは他の国が学ぶべきです。日本は海に囲まれた国ですから、魚を守るために色々なテクノロジーを使って、きれいな海にしてきました。もちろん研究にはお金がかかります。しかし、長い目で見たら、それは人間にとってもいいことだと思います。

魚は人間と共に長い間、生きてきました。これからも、人間と魚が一緒に生きていくために、日本のテクノロジーを使って、世界のきれいな海を取り戻してほしいです。

◇「夢の国」の若者と「夢」を語り合いたい！

オムカル・アコルカル（インド。ティラク・マハラシュトラ大学。24歳）

太平洋戦争の話を聞くたびに涙が溢れて来る。ビルが立ち並ぶ東京の街も、当時は空襲で焼け野原と化し、人々の生活は追い詰められていた。そのような状況の中で日本人が抱いた「優れた国を作りたい」という夢だけを頼りに日本は急成長を遂げた。そんな日本を「夢の国」と呼ぶ留学生も多い。

昨年、日本・千葉大学に留学して一ヶ月が過ぎた頃、大学で世界各国 からの留学生が集う国際交流会が行われ、彼らと様々な話をした。国は違えど、みんなそれぞれ大きな夢を持って日本へ学びに来ている。一方、数多くの日本人の若者とも交流したが、彼らが自分の夢を語ってくれることはほとんどなかった。それどころか、何人かは語る夢さえ持っていないようだった。「日本の若者は夢を持つのが怖いのだ」という日本人の友達の話を聞いて、私は衝撃を受けたのを覚えている。

またディズニーランドに行った時のことだ。そこで私が目にしたのは、絵画でしか見たことのないようなきらびやかな楽園だった。それはまるで、世界から見た日本という夢の国を具現化したようだった。実際、現在ディズニーランドがあるのは、アメリカやフランスなど、戦争を乗り越え発展を遂げた国々である。入念に作り上げられた洋風の建物や綺麗な水、夕暮れ時のパレード、まばゆいばかりに夢の世界を照らすイルミネーションは経済的豊かさの象徴だといえよう。その作り上げられた夢の国を通し、私は先人達の本物の努力の結晶を目で見、心で感じ取ることができた。

圧倒される私が同時に見たものは、経済的豊かさを象徴する夢の国で「遊ぶ」学生達の姿だった。大学の授業では居眠りをし、活気のない彼らも、そこでは別人のように目を輝かせていた。それはまるで先人達が築き上げた血と涙の結晶を当たり前のように享受している姿だった。

日本の急速な発展は、その時代の人々の大きな夢に支えられていた。しかし、その精神を受け継いでいる若者が現代の日本にどれぐらいいるだろうか。「夢の国」の住人がなぜ夢を持っていないのか。私は、彼らに問いたい。どうして夢を持つのが怖いのか。鳥だって羽ばたく勇気なしに空は飛べない。私は日本の若者に言いたい。「夢」について語り合える日を楽しみにしている。

◇中学生に「世界文化」の科目を！

ヤラ・タンターウィ（エジプト。カイロ大学。23歳）

今の世界はグローバル・ヴィレッジ（地球村）だと言われている。グローバル・ヴィレッジというのは、世界のどこの人とも相互理解があるということである。しかし、日本人はまだ外国のイメージがはっきりは出来上がっていない。アメリカの影響が強くて、ほかの様々な文化を受け入れていない。アメリカの影響が強いのは、第二次世界大戦後、日本はアメリカに敗北し、アメリカは日本の運命を支配する立場にあったからである。

日本人が、世界の多様な文化を理解して、受け入れるために、「教育、産業、メディア」の三つの分野について提案したい。

最初に、教育分野についてだ。勿論日本の学校は沢山の外国人との活動を増加しているが、多くの活動は、英語の得意な学生だけが外国人と話すことだ。その外国人は自分の文化だけを教える。これだけで足りないのではないだろうか。そこで、外国人との活動を増加しながら、「世界文化」という科目を中学生に教えるようにしたらいいのではないか。

産業分野については、日本製の商品の説明書や付箋に日本語でしか書かれていない場合が多い。使われている日本語のレベルも高くて、観光客には分かりにくい。英語でも書かれていれば、外国人は助かるし、日本人の英語学習者にも勉強になるだろうと思う。２０２０年の東京オリンピックに日本を訪問する外国人にも大いに役に立つだろう。

最後に、メディアに注文したい。訪日外国人にインタビューする『ＹＯＵは何しに日本へ？』のようなテレビ番組をもっと増やすことも考えてほしい。また、多様な国のテレビ番組やドラマを発信すること。例えば、南アメリカ、中東、東ヨーロッパ、オーストラリアなどの有名な番組やドラマを日本で見ることができれば、多様な文化の理解に役立つだろうと思う。

日本人に理解して欲しいのは、グローバル・ヴィレッジに向うのに大切なのは、自国文化や自分が信じていることを捨てるのではなく、自国の文化を誇りに思いながら、異文化の理解を拡大することだ。みんなで、グローバル・ヴィレッジへ向かいましょう！

◇「姥捨ての国」にならないで！

ヴォロビヨワ・ガリーナ（キルギス共和国。ビシケク人文大学准教授。69歳）

日本は、人々に親切で、「おもてなし」で名高い国として世界で知られている。しかし、なかなか理解できない不思議に思う現象もある。それは、電車やバスの中で、若い人がお年寄りに席を譲ることがあまり見られないことだ。

私は、大学で日本語を教えている。これまで、日本語教育関係の研究会などに出席するため、14回、日本を訪問したことがある。滞在期間は一週間から一年まで。ある日私たち6人の女性（私と日本人の5人）が研究会から電車で帰る時、お年寄りが座ろうとした席に、子供や若者が素早く先に座ってしまう光景を何回も見た。また、こんなこともあった。私たちの仲間の白髪の年を取った先生が研究会の実行委員として一日中頑張ったので、「疲れた、足が痛い」と言っていた。電車に乗ると、1つの空席があった。私は大きい声で「先生、どうぞ座ってください」と言った。しかし、私の声が聞こえたはずなのに、若い女性が先生より早くその席に座って化粧直しを始めた。

私は日本の電車やバスの中で何回もお年寄りや子供連れの母親に席を譲った。その際、たいていの日本人は最初遠慮して断ったが、その後「本当に座ってもいい?」と聞いて、感謝して座った。ある外国人は、電車で日本人のおばあさんに席を譲ったら、「そんなことをしてもらったことが今までなかった」と感謝され、りんごをもらったそうだ。

私は、「姥捨て」という習慣についての日本の映画を思い出した。昔、ある日本の村では、家族に役に立たない老人達を特定の山に連れて、捨ててしまい、おじいさんとおばあさん達は飢餓と寒さのため一人で死んでしまったそうだ。電車やバスの中でのお年寄りへの無関心は「姥捨て」に似ている。

ある日、私は日本人大学生のグループと交流した。一人の学生が、日本でカルチャーショックを経験したかと質問した。私は、「私の国ではお年寄り、身体障害者、子供連れの両親と女性に席を譲るのは当然である。日本では、『姥捨て』という習慣が今も続いているようだ」と答えたことがある。

日本社会のこの状況を改善することを、お願いしたい。家庭や学校で、子供と若者に「お年寄りや困っている人、弱い立場の人に手を貸して力になること」の大切さを教えてほしい。

私は日本が大好きだ。また、いつか日本に行くチャンスがあった時、「お年寄り」に席を譲ることが習慣になっている日本、を見たい。

◇外国文化に親しむ若者を育ててほしい

スー　シャオチェン（アメリカ。東京大学大学院・留学生。29歳）

「日本で友達を作るのって難しいね！」―日本に長くいる外国人たちがよく口にする言葉だ。

苦笑いと同時に出るこの一言は彼らの国際交流への不満を反映し、在日外国人の孤独感を感じさせると同時に、日本人との「文化の壁」を表している。

興味深いことに、私がこの言葉をよく耳にするのは、外国人の相談にのるときではなく、社交イベントでワイワイしている真っ最中だ。これらのイベントは何十人もの日本人と外国人を集め、自由交流を通して知り合いを作るものだ。外国人らはイベントで日本人と連絡先を交換する。今後も一緒に仲間になって、いろんな趣味を共有したがるのだ。

だが、外国人らがイベントで積極的に「友達集め」に没頭しても、「友達が作れない」というつぶやきは後を絶たない。友達が作れない理由は、人との出会いが少ないことではない。

そもそも外国人たちの失敗は彼らの積極性と現実のギャップにある。

日本における「外国人コミュニティー」を脱出するには日本人とどんどん接触するしかない。そう思い、彼らはたくさんの日本人らに交流の熱意を語る。

これに対し、日本人は建前的にはポジティブな反応をする。イベント中、外国人らの「攻め」に元気よく返事し、質問されるとさわやかに回答する。外国ジョークにも熱心にフォローし、連絡先を聞かれても素早く応える。

まさに外国人たちが心から望む「オープンな日本人」だ。

「今日は珍しくいい友達ができた！」と感心する外国人。家に戻ると早速その「オープンな日本人」と連絡を取る。しかし、その日本人らはイベント中に熱心さを示すのが礼儀と思うだけで、実際長期の交流には興味がない。だから、返信は来ない。二日、三日、一週間たっても来ない。友情の期待は裏切られ、怒りと失望は増す。彼らはまた日本人の親友がいないまま次のイベントに参加し、同じ「期待外れ」と「冒頭の言葉」を繰り返す。

この状況に対して、国や各自治体でいろいろできることがある。政策によって、国際性を持つ、外国文化に本気で親しむ日本人、特に若者たちを育てる努力をしてほしい。人々のマインドを徐々に変化させ、外国人がよりなじみやすい日本を築くのは重要な課題だ。

◇『外国人技能実習制度』を改善して！

アイカ　マニックサリ（インドネシア。名古屋市立大学・留学生。19歳）

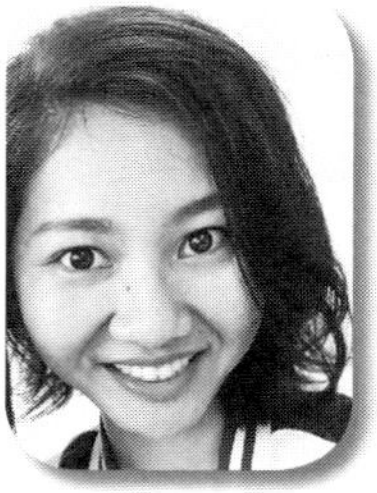

私は、日本に留学して、大学で外国人技能実習制度について学ぶ機会があり、新聞などを読んで、日本の産業を支えている外国人労働者について考えるようになった。
外国人技能実習制度の問題点として、最低賃金を下回る残業代、深夜までの残業、日本人従業員との賃金格差、使用者からの暴言、パスポート取り上げ、労働者であるのに転職の自由がない、権利主張に対する強制帰国、労働災害、過労死など、が指摘

されている。

厚生労働省のウェブサイトでは、外国人技能実習制度は、「発展途上国への技術移転による国際貢献」を目的として創設され、開発途上国等の経済発展を担う「人づくり」に協力すること、とある。しかし、事例をみると技能実習制度は外国人労働者の人権を侵害していると思う。

技能実習生として働いているインドネシアの若者も同じような扱いをうけている事実も聞いている。彼らは母国にいたころよりも、良い生活を求めて日本へ来ている。もしくは日本に憧れていたから来ているのだ。しかし、このような制度が存在することによって、彼らが想像していた夢が打ち砕かれて、もともと親日家が多いインドネシア人が、この制度によって人権侵害を受けて、反日派になってしまうのではないかと心配だ。

もちろん、この制度を適切に利用している企業や団体もある。しかし、２０１６年に厚生労働省がそれらの企業を視察した結果、約70％の企業で違反が確認されている、という。

私は母国のインドネシアに住んでいた頃、この様な制度が日本に存在していて、企業は技能実習生をひどい扱いをしていることも知らなかったので衝撃を受けた。私や周りのインドネシア人の中では、日本というと、外国人観光客に対する「おもてなし」で知られ、良いイメージしかなかった。

日本が掲げる「人づくり」の目的が達成されないで、反対に日本のイメージは悪くなる。

外国人技能実習生の人権が踏みにじられないようにしてほしい。

外国人技能実習制度が、日本企業と外国人技能実習生の双方が「ＷＩＮ　ＷＩＮ」の関係になる制度になれば、日本は発展途上の国へもっと大きな貢献をすると思う。

◇共生社会へ「偏見の壁」をなくそう！

雷雲恵（中国。文教大学大学院・留学生。24歳）

私は日本語で、こんな間違いをしたことがあった。「私の姉は女医で、姉の夫は男医です。」それを「私の姉は女医で、姉の夫は医者です」と直された。疑問に思って、周りの人に確認してみたら、「お医者さんは普通男性でしょう」と言われ、「ああ、そうなんだ」、「男医」という言葉が使われていないことを知った。しかし、一旦は受け入れたものの納得はいかなかった。

世の中には、「普通」とされているものには名前がないか、あっても意識されないことが多い。それは社会の暗黙の了解の一つだからだ。私たちは一般的に「特殊」には目が向くが、「普通」に対しては見逃してしまう傾向がある。

昔、クラスメートの一人が小人症であったのを思い出した。どこにいても何をしても目立つ彼女は、いつも微笑んでいるやさしい人であった。しかし、その彼女には、だれ一人として友達がいなかった。彼女とみんなの間には、彼女に対する壁というものがあった。その壁の中を、色眼鏡をかけて見る人、無関心を装う人、ちらっと一瞥したが、見ていないふりをしている人もいた。彼女は不本意ながらも、いわゆる「特殊」というものにされていて、「普通」から排除されたのである。

昔の私では味わえない彼女の気持ちが今、国から離れ、「外国人」とされて初めて味わっている。バイト先で、1年間も頑張り仕事を熟知しているつもりの私より、新人の店員がお客様に信用される。宴会に誘われ、期待して早く着いた私の隣には誰も座ってこない。そんな時、「私」と「みんな」の間の距離を思い知らされた。「母語のように日本語が喋れない私も『普通』から排除されたのかなあ」、とつくづく実感して傷ついたりもした。

みんなのなかで一人ぼっちでいることの寂しさ。そこには、目に見えない「偏見」の壁が、〝名前のない毒〟のように、ある人々には大きな傷をもたらす。多文化共生社会を求められている日本は、その壁を越えなければならない。そのためには、「特殊」とされる人だけでなく、その対岸にいる「普通」とされる人にも、共生社会への努力が求められているのではないだろうか。

◇日本人は、ほんとうに無宗教なのですか？

マヘルプル ルヒナ（イラン。日本大学文理学部・留学生。21歳）

日本人のみなさん、外国人から、日本の宗教について聞かれた事はありませんか。その時どう思いましたか？一般的には、「無宗教」と答える方が多いようです。でも私には、日本人が無宗教だとは思えません。日本人は宗教について大変狭い意味で受け取っているからではないかと思いました。

日本人の行動は、とても宗教的だと感じます。例えば、正月になると初詣に、受験の時には合格祈願に行き、お盆の時にはお墓参りに行きます。

日本の宗教というと仏教、神道が代表的ですね。ですが、一般の日本人はこの自分たちの宗教についてどれくらい理解しているのでしょうか。

私は、初詣でお参りしている日本人の皆さんを見ると、この人たちは何と熱心な神道の信者なのだろうと思います。でもその方々に「あなたの宗教は何ですか?」と聞くと、ほとんど、「無宗教」と答えます。どうも、お祈りをしていることが宗教を信じている事に結びついていないようです。

また、日本人は宗教にこだわりがないと言われますが、でも本当にそうなのでしょうか? 日本人のほとんどは生まれた時には神社にお宮参りに行き、結婚式はキリスト教で、そして人が死んだ時にはお寺に頼みます。これを入れ替えてみましょう。例えば、生まれた時には教会に、結婚式はお寺で、そして亡くなったら神社に、というのはどうでしょう? 考えられますか?ほとんどの人は考えられないと思います。それが日本人の宗教的こだわりと言えるのではないでしょうか。

さらに、日本人は、無宗教と言いながら盛大にクリスマスを祝っています。でも、私たちイスラム教徒からすると、とても不思議なのです。日本人は実は宗教的な考えや、信仰を持っていると思います。でも、日本人はそれを宗教だと思っていないということです。

皆さんは街中でスカーフをしている女性の姿を見かけると、イスラム教徒だと判断なさると思います。それと同じようにお盆にお寺に墓参りに行く皆さんを見たら、仏教徒だと見る方が自然だとは思いませんか?

もし外国人から自分の宗教について聞かれた時には、「無宗教」ではなく、是非、「仏教」なり、「神道」なり、「キリスト教」なり、答えて頂きたいと思います。なぜなら、ほとんどの人が何らかの宗教を信じている外国人から見ると、宗教をもっている人の方が信頼出来ると思うからです。

◇タトゥーは、なぜ、ダメですか？

王芸儒（中国。創価大学・留学生。21歳）

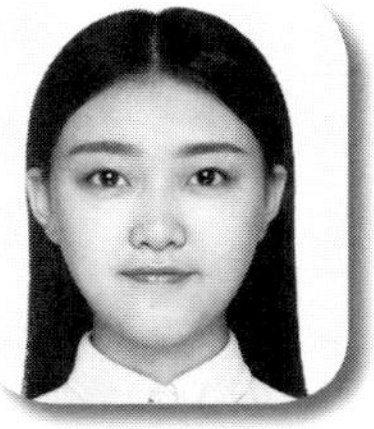

「皆さんはニュースや新聞を見て、『これが日本人っぽいな』って感じた三つのことを挙げてください」と、法社会学の先生に聞かれた。その答えのランキング一位は、まさかの「温泉や銭湯でのタトゥー問題」であった。

えっと、いきなり友たちについてのエピソードを思い出した。

二年前、群馬で研究プロジェクトに参加している時、日本人の友たちに勧められ、Dさん（中国人）とある温泉に行った。カウンターの近くに、「刺青、タトゥーを入れた方のご入館はお断りしております」というポスターが壁に貼ってあった。「ねね、背中にタトゥーあるんだよね、温泉に入れるの？」と私は緊張して、Dさんに聞いた。彼女は平気な顔で、「大丈夫、大丈夫、裸をチェックするなんて、あるものか」と言い、服を脱いでバタバタと走って温泉に入った。

しかし、十分ぐらい後、温泉の管理員が入ってきてDさんに「お客様、申し訳ございませんが、うちの温泉では刺青のご入浴はお断りしておりますんで、ご遠慮いただけないでしょうか」と言った。こうして、Dさんは呆れ顔でしようがなくタオルで刺青を被ってこっそり出て行った。帰る前にカウンターの人に聞いたら、「他のお客様がクレームをつけられましたので…」と答えた。

タトゥーは「公衆浴場法」にも「施行条例」にも記載がなく、特に入浴が禁止されているわけではないが、なぜ日本人はそういうマナーがあるのだろうか。温泉から帰った後、日本人の友たちに聞いたら、「タトゥー＝ヤクザ」という図式は古くから日本人の頭に刻まれているから、という答えは一番多かった。

今のようなグローバル化社会において、世界各国の人は日本に旅行に来ることが多くなり、タトゥーを楽しむ人も増え、また宗教的なタトゥーもある。みんなが期待している2020年の東京オリンピックの際、外国人のスポーツ選手たちが試合で日本に来て温泉を楽しもうとする時、タトゥーがあるために入浴拒否されるのは、情けない話ではないか。確かに、ルールを守ることは大変良いことだが、マナーに厳しすぎることは、ただ融通が利かないということではないか。

日本の憲法13条と14条には、「個人として尊重され」、「平等で、差別されない」と書いてあります。それなのに、タトゥーが好きな人を差別するのは、なぜでしょうか。日本人のみなさん、時代は変わりました。タトゥーなど、個性と異文化を理解する世界市民として、平等で平和な社会を築いてください。

特別賞

◇タイの盲学生から――日本語で『もっと、話したい！』

クリトナイ スウアイム

（タイ。タマラートスクサースクール。チェンマイ市にある仏教系高校3年生。21歳）

私はタイのチェンマイ県にあるタマラート・スクサー高校の3年生です。幼稚園から中学3年生まで盲学校で勉強しました。この学校は無料で勉強したり、泊ったりできます。公立の盲学校は北タイではこの学校だけです。それでカンペンペット県に住む両親は幼稚園から私をこの学校に入れました。

盲学校には高校がありませんから、近くのタマラート・スクサー高校で日本語を勉強しています。私は、先生に勧められて、選択外国語の中から日本語を選んで、もう2年間勉強しています。

私が初めて日本人と会ったのは高校1年生のときです。それは日本語を教える4人の「日本人ボランティア」の人たちです。今日まで、町を歩いているときやエレベーターに乗っているときに日本人がいたかもしれません。町を歩いていると、色々な外国語の中でときどき日本語も聞こえます。でも『会う』チャンスはありません。私の『会うこと』は『話すこと』です。

私が会った日本人ボランティアの人たちは、親切で、真面目で、丁寧です。

ボランティアの先生は日本語を教えてくれたり、日本文化の活動をしてくれます。例えば、7月は七夕まつりや、遠足で日本文化を紹介するＥＸＰＯ（博覧会）に行きました。そこで、もちつきや日本茶やタイコの演奏がありました。私は色々な楽器を弾いたり、歌を歌うことがすきです。それで私にタイコが一番すきです。

日本人は、時間を守る人だと思います。タイ人はあまり時間を守りません。10分、15分、30分遅れても『マイペンライ（大丈夫）』です。日本人と勉強して良かったのは、日本語を話したり、聞いたり、書いたりできるようになって、世界が広くなったことです。

来年（２０１９年）、私は日本人の先生がいるこの学校を卒業します。盲学校には高校3年生まで住むことが出来ます。卒業したら大学へ行きません。なぜなら両親がお金の心配をするからです。将来は、サクソフォンやタイ楽器のサローを演奏したり、歌を歌ったりする仕事をしたいです。

家に帰ったら日本語を話すチャンスがあるでしょうか？私は日本語と日本を忘れたくないです。

今まで４人の日本人と出会いました。これから何人の日本人と会うことができるでしょうか？

たくさんの日本人と『話すこと』を楽しみに、これからも日本語を頑張ります！

五部＝「その他の活動」

○中国の大学生の「アンケート調査」

○中国の大学へ『図書室』、『学習室』寄贈　など

◎「日中友好」に関する「アンケート調査」を計4回実施。

平成11年から平成27年3月まで、中国の大学生（日本語科）を対象に、「日中関係」をテーマに、アンケート調査を計4回行った。

「第二回」は、中国の教師・留学生、就学生を含む)。

各回80 ～ 172大学、計3万9,225人の学生が回答。

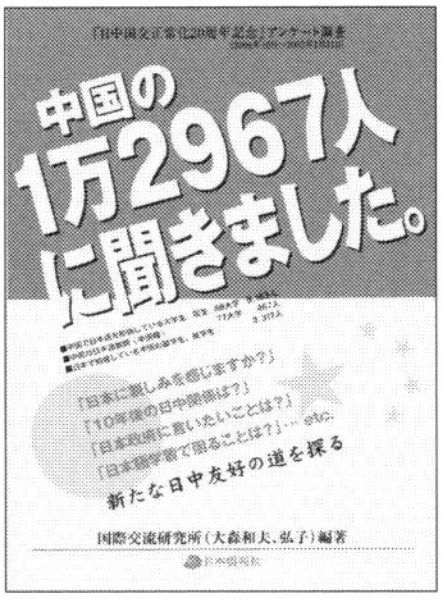

第二回（平成13年～平成14年）の回答用紙と「回答集」

第三回（平成16年～平成17年）

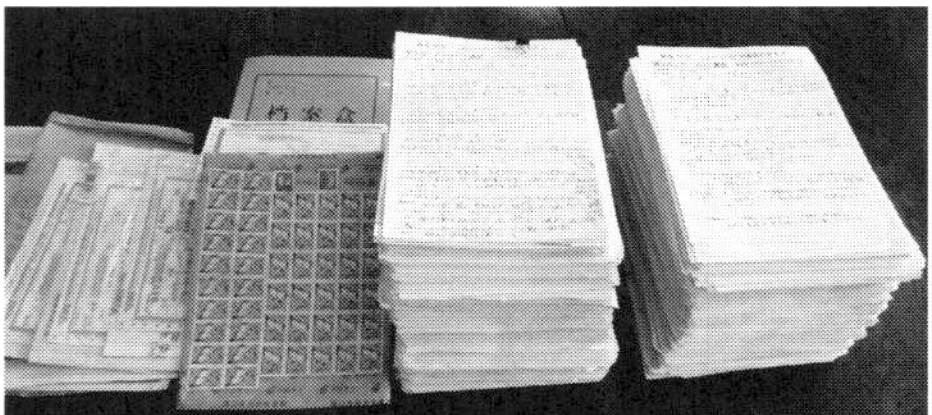

第四回（平成26年～平成27年）

アンケートに答える学生 ＝ 左・北京第二外国語学院　右・河南科技大学

五部＝「その他の活動」

◇4回のアンケートを通して、「中国の大学生（日本語科）」の「対日感情」が着実に好転していることが分かった。

①常に7割前後が「日本と日本人」に「親しみ」を感じている。

②約67%が、「日中は相互理解が出来ている」と考えている。

③約半数の学生が「十年後の日中」が「今より、親しい関係」になることを望んでいる。

「日本」に「親しみを感じる」理由では、「日本語を勉強したことで、対日観が変わった」という回答が目立った。日本語を勉強するまでは、「歴史問題」を理由に、日本を恨んだり、日本が嫌いだった学生が少なくない。

「日本人」に「親しみを感じる」理由では、「大学の日本語科に入学して、日本人教師に接してから、親しみを感じるようになった」という回答が多かった。

「中国の大学生（日本語科）」の多くが、日本政府の「歴史認識」に強い批判と不満を抱いているものの、一方では、「日中の明るい未来」を展望している。

「第一回」(平成11年)アンケート

中国で日本語を学ぶ学生の「対日観」

「日本に親しみを感じますか？」(80校の7,634人が回答)

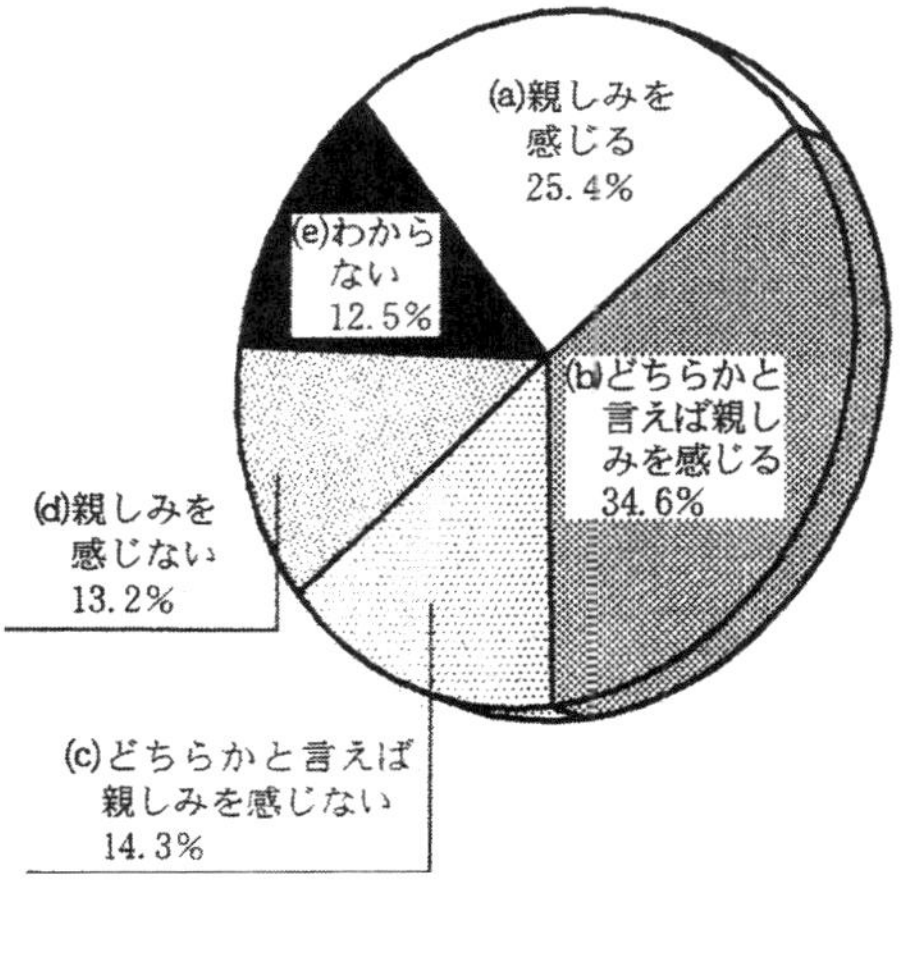

◎中国・遼寧師範大学（遼寧省大連市）に 『大森日本学習研究中心』

平成7年（1995年）10月〜平成8年（1996年）3月

遼寧師範大学に、「多目的教室」と「図書・資料室（大森弘子文庫・4千冊以上の日本語図書など）」を寄贈。

平成30年（2018年）7月

◇遼寧師範大学大学院生からの手紙（平成30年7月）

師瑜曼さん

日本語通訳を専門として研究しています。私は毎日、「大森日本学習研究中心」を利用しています。「大森弘子文庫」には、大森先生ご夫妻が遼寧師範大学に寄贈された日本語の書籍が4000冊以上もあります。日本語教育、文学、文化、社会、政治、歴史、経済など幅広い分野の書籍があるので、私たちの勉強の場として、とても役立っています。

先月、日本語俳句コンテストが開催されました。もちろん私も参加しました。でも、俳句を作るのは難しいです。「季語って何だろう。切れ字って、どうやって使うのかな。」俳句とは、どんなものかを知るために、資料室で小林一茶や松尾芭蕉の俳句を調べました。正岡子規や高浜虚子の俳句集も調べました。そして、私が作った俳句は「きらきらと 子供追いかけ シャボン玉」です。

私は今、就職活動をしています。でも、私は敬語に対して自信がありません。ですから、資料室で敬語について書いてある本を探しました。そして、『敬語の用法』と『現代敬語辞典』の二冊を借りて敬語について勉強しました。おかげで敬語が少し理解できるようになりました。

…………………………………………………………

張小超さん

2017年9月、私は5年間勤めた仕事を辞めて、好きな日本語を勉強しようと決心して大学院に入りました。入学してすぐ、外国語学院の四階で「資料室」（「大森弘子文庫」）を発見しました。淡い本の匂いとお茶の匂いが漂っていました。入ろうか、入るまいか悩んだ末に、ドアを開けました。研究室の中には、高い本棚が並んでいます。本棚のガラスはきらきらと光を反射して、焦げ茶のプレートには「大森文庫」という漢字が書いてありました。私は特別な場所に足を踏み入れた感じがしました。

本棚には多種多様な本がずらりと並んでいます。辞書だけで一つの棚を占めています。大辞林、日中辞典、NHK発音辞書、動詞用法辞典などです。私が大森文庫の中で一番好きな本は、与謝野晶子と芥川龍之介の本です。最初は内容が分かりにくいと思いましたが、辞書で調べながら読んでいくうちに理解できるようになりました。それは大森先生ご夫妻のおかげです。私は本当に感謝しています。

◎ほかの活動から

①平成6年6月。大谷健著・曲維訳・蒋清訳『日本経済—躍進の秘密・歩みと教訓』〈日本語と中国語と英語。90頁〉を国際交流研究所から出版。
約2千冊を中国の約40大学に寄贈。

②平成9年8月。大谷健著・曲維訳『日本経済的騰飛』〈日本語と中国語。198頁〉を、中国・上海訳文出版社から出版。
約2千冊を中国の約50大学に寄贈。

①

②

③平成8年（1996年）10月。中国・上海市に日本語学校「上海朝日文化商務培訓中心」を設立。平成23年まで運営。その後、事業主体が交代。

平成15年11月

④平成15年4月。中国の若手・中堅の日本語研究者・日本語教師8人の論文に「大森・優秀論文賞」を授与。

⑤平成30年。中国・浙江省紹興市の浙江越秀外国語学院・国際終身学院に「大森弘子文庫」を寄贈。

おわりに

夫婦が知り合って74年が過ぎた。——その長さが「30年の活動」を支えたのかもしれない。
昭和19年（１９４４年）、戦争で、４歳の時、それぞれ、東京から、大阪から、京都の田舎へ疎開して、出会った。中学２年から大学卒業まで、東京と京都に分かれたが、24歳で結婚。

～海外の日本語学習者の一人でも多く〝日本のファン〟になってもらおう！～

共に48歳の時、「日本語交流活動」に踏み切った。「新聞記者より意義のある新しい活動ができればいいね」と、３人の息子（当時、社会人、大学生、高校生）も賛成してくれた。

それから30年。辛いことも少なくなかったが、活動を始める時に心に決めた「楽しく、共に学ぶ」気持ちを貫くことはできた。そして、何よりも、各版の「日本語教材【日本】」の作成と寄贈、そして、計23回の『日本語作文コンクール』が、日本と世界の日本語学習者・教師との〝架け橋〟になれたことが嬉しい。

◇「中国の日本語教育に対する大森先生ご夫妻の長年にわたる献身的なご努力は、中日両国の『日本語交流の歴史』にいつまでも刻まれることでしょう。『日本語教材【日本】』は、今も中国で、文化理解型の教材として評価されています」

《曲　維先生＝中国・遼寧師範大学副学長（２０１０年当時）》

◇「『世界の日本語作文コンクール』は、海外の学生が日本語作文を書く最適な場でした。学生は、普段の作文より真摯に筆を動かしていました。教員も勉強になり、彼らの日本に対する思いを再確認できました。途方もない数の作文に目を通された大森さんご夫妻に、ただ、ただ、感謝です」

《運寿純平先生＝タイ・ウボンラチャタニ大学日本語教師》

30年間の日本語交流活動は、平成元年（1989年）に活動を始めた直後から中国・北京市の北京外交学院で「季刊誌【日本】」を授業で活用して頂いた谷川栄子さん（現・中国語教室講師。名古屋市）、タイの横山英輔さん（タマラートスクサースクール）、運寿純平さん（ウボンラチャタニ大学）、ポーランドの坂本龍太朗さん（ワルシャワ日本語学校）、ハンガリーの若井誠二さん（カーロリ・ガーシュパール大学）、スーダンの石井一成さん（ハルツーム大学）、中国の笈川幸司さん（ジャスロン代表）ら、海外の日本人教師の方々に協力して頂きました。

また、長い間、ご理解とご支援を頂いた多くの日本の方々・財団などに改めてお礼申し上げます。

・野坂米子（札幌市）。吉田時夫（山形県上山市）。布施谷安政（宮城県大郷町）。横塚紀子（群馬県伊勢崎市）。清水完洋（茨城県守谷市）、景山晃（つくば市）。後藤江恵子（埼玉県さいたま市）、藤木典子（入間市）、鈴木公子（東松山市）、切刀芳雄、吉田豊、水野惠子（所沢市）。野村美知子（千葉県佐倉市）、北村康子（船橋市）。中江利忠、岡田幹治（東京都杉並区）、桑田弘一郎（大田区）、羽原清雅、林田英樹、早野透（新宿区）、中島清成（豊島区）、秋山耿太郎、荒谷三和子（中央区）、中島俊明、内藤武宣（世田谷区）、三露久男、村島章恵（中野区）、川浪年子（墨田区）、成田正路（目黒区）、豊田育子（江戸川区）、大菅孝子、山下照雄（江東区）、野村彰男（武蔵野市）、関史江（国立市）、上原栄子、井上よし江（国分寺市）、村野坦（調布市）、藤田實（狛江市）、貝啓（東大和市）。鈴木恒夫、横瀬一郎、佐藤禎一、大林主一、歳納明子（神奈川県横浜市）、川村恒明、本田来介（藤沢市）、村山孝喜（鎌倉市）、小池美樹彦、井出敬二、佐野剛平（川崎市）、石村実・日満子（茅ヶ崎市）、八塚住子（綾瀬市）。谷川栄子、水谷淳子、鷲見順子（名古屋市）。三浦真（新潟市）。古賀克己（金沢市）。内海紀雄（京都府長岡京市）。芦田悦雄（大阪府豊中市）、戸毛敏美（寝屋川市）。高松暘（神戸市）。桑山哲郎・皓子（岡山市）。桑田隆明（広島県福山市）、山本なほみ（大崎上島町）。橋本恭子（高松市）、常光謙輔（愛媛県西条市）。高橋一樹、永田耕作（長崎市）。前田晃、富澤義敬（福岡市）、佐々木清（北九州市）。門垣逸夫（熊本市）、古林恒雄（中国・上海市）らの方々。（敬称略）

・かめのり財団。社会貢献支援財団。日中児童教育基金。全国ＰＨＰ友の会。など。

還暦を過ぎてから「お墓を持たない」ことを決めた。そして、平成17年、65歳の時、東長寺（東京都新宿区四谷）の「生前個人墓」（与えられた戒名を刻銘した2人の「位牌」のみ）に入った。「お墓の心配」から解放されて、「日本語交流活動」は一層、楽しいものとなった。

平成30年に老人ホームに入居してからは、「老老介護をするのはどっち？」が会話の中心になったが、出来る範囲で、日本と世界の日本語学習者・教師との〝架け橋〟になる「日本語交流活動」を続けていきたい。

今も、16カ国・地域の29人の「日本語学習者」と、5年以上、メールの交流が続いている。

一番長いのは、30年前の平成元年に東京の日本語学校で学んでいた韓国・ソウルの金恵蘭さん。「季刊誌【日本】」が縁。金さんは、その後、昭和女子大学に入学し、アメリカ・シアトルのワシントン大学に留学した。現在は主婦。「日本語で夢を見る」という金さんは、韓国の若い日本語学習者のために、「日本語のブログ」を発信している。

平成から「令和」に替わっても、老人ホームの生活の中で、「デジタル版・日本語教材『【日本】という国』」をネットで更新し、「メール」と「ツイッター」で、「日本」と「日本語」を愛する世界の人たちとの「日本語交流」を、もう少し楽しみたい。

令和元年5月1日

大森和夫・弘子

■編著者の略歴

大森 和夫（おおもり かずお）

昭和15年（1940年）東京都生まれ。

東京都・九段高校卒。早稲田大学第一政治経済学部政治学科卒。

朝日新聞記者（大分支局、山口支局、福岡総局、大阪・社会部、調査研究室、政治部、編集委員）を経て、平成元年（1989年）1月、国際交流研究所を開設。

大森 弘子（おおもり ひろこ）

昭和15年（1940年）京都府生まれ。

京都府・西舞鶴高校卒。京都女子大学短期大学部家政学科卒。

京都府・漁家生活改良普及員（地方公務員・3年間）。

「季刊誌【日本】」、「日本語精読教材【日本】」、「日本語教材【日本】」、【新日本概況】、「デジタル版・日本語教材『【日本】という国】』」の編集長。

※　　　※　　　※

〒190-0031　東京都立川市砂川町2-71-1-C621
（サンシティ立川昭和記念公園）
Eメール＝yuraumi@yahoo.co.jp
URL＝**http://www.nihonwosiru.jp/**（国際交流研究所）

The Duan Press

自宅・四畳半で「二人三脚」！

「世界の日本語学習者」と歩んだ平成の30年間

令和元年5月1日　初版第1刷発行
編著者　大森 和夫（おおもり かずお）、大森 弘子（おおもり ひろこ）
発行者　段 景子
発売所　日本僑報社
〒171-0021 東京都豊島区西池袋3-17-15
TEL03-5956-2808　FAX03-5956-2809
info@duan.jp
http://jp.duan.jp
中国研究書店 http://duan.jp

2019 Printed in Japan.　ISBN 978-4-86185-273-2　C0036

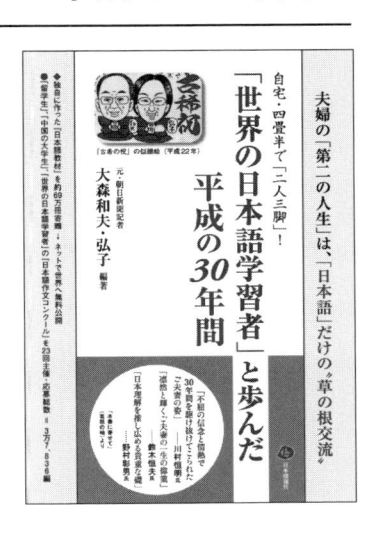

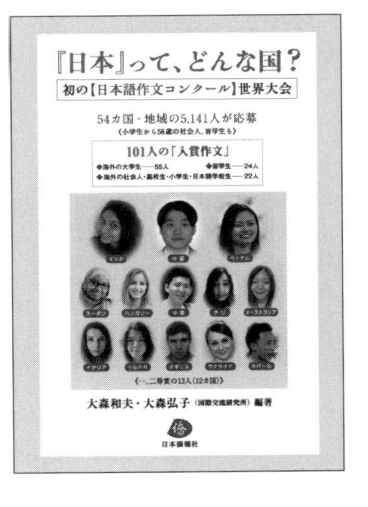

中国の大学生の「主張と素顔」

もう 日本を恨まない 夫婦の「日本語交流」十九年間の足跡

日本語学習、歴史問題…中国若者たちの日本への思い

中国の若者に「日本と日本人」を少しでも理解してもらい、一人でも「日本嫌い」を減らし「日本ファン」を増やしたいと願って夫婦で始めた「日本語交流活動」。その19年の足跡と中国の若者たちの声を届ける。

編 著　大森和夫・大森弘子
定 価　2500円＋税
ISBN　978-4-86185-064-6
刊 行　2007年

戦後70年・これからの日中関係を考える

中国の大学生1万2038人の心の叫び

日中の「歴史認識」の「壁」をなくすには？

テーマはすばり「戦後70年・これからの日中関係を考える」。国際交流研究所の大森和夫・弘子夫妻が行った大規模アンケート調査に答えた中国172大学・1万2038人の“心の叫び”を一挙収録！

編 者　大森和夫・大森弘子
定 価　1800円＋税
ISBN　978-4-86185-188-9
刊 行　2015年

対中外交の蹉跌―上海と日本人外交官― 片山和之

SUPER CHINA～超大国中国の未来予測～ 胡鞍鋼

中国の百年目標を実現する第13次五カ年計画 胡鞍鋼

2050年の中国 データで中国の未来を予測 胡鞍鋼他

中国の発展の道と中国共産党 胡鞍鋼他

日本人論説委員が見つめ続けた激動中国 加藤直人

日中友好会館の歩み 村上立躬

日本人の中国語作文コンクール受賞作品集

①我們永遠是朋友（日中対訳） 段躍中編

②女児陪我去留学（日中対訳） 段躍中編

③寄語奥運 寄語中国（日中対訳） 段躍中編

④我所知道的中国人（日中対訳） 段躍中編

⑤中国人旅行者のみなさまへ（日中対訳） 段躍中編

⑥Made in Chinaと日本人の生活（日中対訳） 段躍中編

中国人の日本語作文コンクール受賞作品集

①日中友好への提言2005 段躍中編

②壁を取り除きたい 段躍中編

③国という枠を越えて 段躍中編

④私の知っている日本人 段躍中編

⑤中国への日本人の貢献 段躍中編

⑥メイドインジャパンと中国人の生活 段躍中編

⑦甦る日本！今こそ示す日本の底力 段躍中編

⑧中国人がいつも大声で喋るのはなんでなのか？ 段躍中編

⑨中国人の心を動かした「日本力」 段躍中編

⑩「御宅（オタク）」と呼ばれても 段躍中編

⑪なんでそうなるの？ 段躍中編

⑫訪日中国人「爆買い」以外にできること 段躍中編

⑬日本人に伝えたい中国の新しい魅力 段躍中編

⑭中国の若者が見つけた日本の新しい魅力 段躍中編

日本僑報社のおすすめ書籍

日本語と中国語の落し穴
用例で身につく「日中同字異義語100」
久佐賀義光 著　王達 監修
1900円＋税
ISBN 978-4-86185-177-3

中国語学習者だけでなく一般の方にも漢字への理解が深まり話題も豊富に。

日中文化DNA解読
心理文化の深層構造の視点から
尚会鵬 著　谷中信一 訳
2600円＋税
ISBN 978-4-86185-225-1

中国人と日本人の違いとは何なのか？文化の根本から理解する日中の違い。

日本の「仕事の鬼」と中国の〈酒鬼〉
漢字を介してみる日本と中国の文化
冨田昌宏 編著
1800円＋税
ISBN 978-4-86185-165-0

ビジネスで、旅行で、宴会で、中国人もあっと言わせる漢字文化の知識を集中講義！

中国漢字を読み解く
〜簡体字・ピンインもらくらく〜
前田晃 著
1800円＋税
ISBN 978-4-86185-146-9

中国語初心者にとって頭の痛い簡体字をコンパクトにまとめた画期的な「ガイドブック」。

日本語と中国語の妖しい関係
〜中国語を変えた日本の英知〜
松浦喬二 著
1800円＋税
ISBN 978-4-86185-149-0

「中国語の単語のほとんどが日本製であることを知っていますか？」という問いかけがテーマ。

日中中日翻訳必携・実戦編IV
こなれた訳文に仕上げるコツ
武吉次朗 編著
1800円＋税
ISBN 978-4-86185-259-6

「実戦編」の第四弾！解説・例文・体験談で翻訳の「三つの『お』」を体験。

日中中日翻訳必携・実戦編III
美しい中国語の手紙の書き方・訳し方
千葉明 著
1900円＋税
ISBN 978-4-86185-249-7

日中翻訳学院の名物講師武吉先生が推薦する「実戦編」の第三弾！

日中中日翻訳必携・実戦編II
脱・翻訳調を目指す訳文のコツ
武吉次朗 著
1800円＋税
ISBN 978-4-86185-211-4

「実戦編」の第二弾！全36回の課題と訳例・講評で学ぶ。

日中中日翻訳必携・実戦編
よりよい訳文のテクニック
武吉次朗 著
1800円＋税
ISBN 978-4-86185-160-5

実戦的な翻訳のエッセンスを課題と訳例・講評で学ぶ。

日中中日 翻訳必携
翻訳の達人が軽妙に明かすノウハウ
武吉次朗 著
1800円＋税
ISBN 978-4-86185-055-4

古川 裕（中国語教育学会会長・大阪大学教授）推薦のロングセラー。